乡村振兴·农民教育培训精品教材

农业绿色发展与生态文明建设

夏莉 马兰 李宝伟 ◎ 主编

中国农业科学技术出版社

图书在版编目（CIP）数据

农业绿色发展与生态文明建设/夏莉，马兰，李宝伟主编. —北京：中国农业科学技术出版社，2020.8（2021.6重印）
ISBN 978-7-5116-4929-4

Ⅰ.①农… Ⅱ.①夏… ②马… ③李… Ⅲ.①绿色农业-农业发展-研究-中国 ②生态环境建设-研究-中国 Ⅳ.①F323 ②X321.2

中国版本图书馆 CIP 数据核字（2020）第 148367 号

责任编辑　崔改泵　　曾小军
责任校对　贾海霞

出 版 者	中国农业科学技术出版社
	北京市中关村南大街 12 号　邮编：100081
电　　话	（010）82109194（出版中心）（010）82109702（发行部）
	（010）82109709（读者服务部）
传　　真	（010）82109698
网　　址	http://www.castp.cn
经 销 者	各地新华书店
印 刷 者	中煤（北京）印务有限公司
开　　本	880mm×1 230mm　1/32
印　　张	5.5
字　　数	148 千字
版　　次	2020 年 8 月第 1 版　2021 年 6 月第 3 次印刷
定　　价	33.00 元

◆◆◆ 版权所有·翻印必究 ◆◆◆

《农业绿色发展与生态文明建设》
编委会

主　编：夏　莉　　马　兰　　李宝伟
副主编：马国庆　　马彩霞　　王　乾　　王立军
　　　　王宇锋　　王翠玲　　尹红艳　　左经龙
　　　　冯　亮　　伍均锋　　刘子华　　刘伟琪
　　　　刘玲俏　　刘　萍　　齐振荣　　齐　猛
　　　　许传波　　杜　宏　　杨振文　　李　永
　　　　李树峰　　吴多瑛　　张恒儒　　孟海英
　　　　段良霞　　俞成乾　　姜桂霞　　贾天慧
　　　　郭昌芬　　郭靖东　　龚文斌　　梁宝盛
编　委：于瑞菊　　马立花　　王华卫　　王　磊
　　　　卢丽红　　叶锦玲　　朱文科　　任天燕
　　　　刘丽娟　　刘雅祯　　孙海涛　　李　侃
　　　　肖守利　　张爱锋　　张海兰　　努尔不维
　　　　宗乐乐　　赵丽君　　赵威龙　　姜海涛
　　　　班小峰　　柴　雯　　桑建荣　　梁小红
　　　　梁　华

前　言

近年来，生态问题日益凸显并严重威胁到人类的健康生存与发展，我们不断提出要加快转变生产发展方式，要走可持续发展之路。要坚持节约资源和保护环境的基本国策，推动形成绿色发展方式和生活方式。2017年中央一号文件提出，要推行绿色生产方式，增强农业可持续发展能力。

本书以农业绿色发展、生态文明建设为主线进行介绍，共10章，内容包括农业绿色发展的内涵和外延、生态文明建设理论与实践、绿色生态品牌建设行动、减量化生产资料的农业循环技术、再利用的农业循环技术、耕地轮作休耕制度与实用技术、作物的间作套种技术、农田残膜污染治理行动、自然资源保护、固态环境污染的防治等。

本书语言精练朴实，深入浅出，通俗易懂，针对性和可操作性较强，适合广大农民、基层农技人员和农业生产者阅读。

编　者

目 录

第一章 农业绿色发展的内涵和外延 ……………………… (1)
 第一节 农业绿色发展的概念及内涵 ………………… (1)
 第二节 农业绿色发展的外延 ………………………… (3)

第二章 生态文明建设理论与实践 ………………………… (7)
 第一节 生态文明建设的时代背景 …………………… (7)
 第二节 习近平生态文明思想 ………………………… (13)
 第三节 生态文明建设的理论和内容 ………………… (20)
 第四节 生态文明建设的通俗表达 …………………… (24)

第三章 绿色生态品牌建设行动 …………………………… (32)
 第一节 概述 …………………………………………… (32)
 第二节 绿色生态品牌建设目标与规划 ……………… (35)

第四章 减量化生产资料的农业循环技术 ………………… (47)
 第一节 减少化肥、农药及其他农用资料使用 ……… (47)
 第二节 节约土地、水及其他生产要素使用的
    发展模式 ……………………………………… (58)
 第三节 节电、节油及其他节约使用能源的
    发展模式 ……………………………………… (65)

第五章 再利用的农业循环技术 …………………………… (68)
 第一节 农业废弃物肥料化模式 ……………………… (68)
 第二节 农业废弃物能源化模式 ……………………… (74)
 第三节 农业废弃物饲料化模式 ……………………… (80)
 第四节 农业废弃物再加工模式 ……………………… (87)

第六章　耕地轮作休耕制度与实用技术 (93)
　　第一节　实行轮作休耕制度的意义 (93)
　　第二节　实行轮作休耕应注意的问题 (95)

第七章　作物的间作套种技术 (98)
　　第一节　间套种植的概念与意义 (98)
　　第二节　间套种植的增产机理 (100)
　　第三节　作物间套种植应具备的基本条件 (103)
　　第四节　农作物间套种植的技术原则 (107)
　　第五节　间套种植模式应不断完善与发展 (113)

第八章　农田残膜污染治理行动 (115)
　　第一节　残膜回收技术的背景 (116)
　　第二节　残膜的特性 (122)
　　第三节　残膜回收技术的现状 (123)
　　第四节　残膜回收技术的发展 (128)
　　第五节　废旧农膜的回收 (132)
　　第六节　废旧农膜回收再利用技术 (140)

第九章　自然资源保护面临的严峻形势 (156)
　　第一节　森林锐减 (156)
　　第二节　草地退化 (157)
　　第三节　湿地减少 (157)
　　第四节　土地荒漠化 (158)
　　第五节　水土流失 (159)

第十章　固态环境污染的防治 (162)
　　第一节　重金属污染 (162)
　　第二节　持久性有机污染物污染 (163)
　　第三节　土壤污染 (164)
　　第四节　垃圾泛滥和固体废物污染 (166)

主要参考文献 (168)

第一章 农业绿色发展的内涵和外延

第一节 农业绿色发展的概念及内涵

一、农业绿色发展的概念

农业绿色发展是缓解资源约束、防治环境污染、保护农业生态、实现农业可持续发展的重要途径。中国有着悠久的农耕文明，传统农业蕴含着物质循环利用、生物间相生相克的朴素生态学思想。随着工业化进程的深入推进，中国传统农业体系逐步瓦解。20世纪70年代以来，伴随农业环境问题的显现，生态农业的理念和探索在中国逐步形成与发展，在示范过程中表现出了良好的生态、经济和社会效益。

随着可持续发展理念的不断深入，农业绿色发展领域的新概念不断涌现，如循环农业、有机农业、低碳农业、两型农业等。从宏观层面看，这些概念都属于农业绿色发展的范畴，但不同概念各有其自身的侧重面和特征。

农业既是气候变化的重要贡献因子，也是受气候变化影响最为敏感的领域之一。中国农业活动温室气体排放量约占全国温室气体排放总量的11%，农业受极端天气等气候变化的影响也越来越大。发展低碳农业就要将农业生产发展从依靠化石能源向太阳能转变，追求低耗、低排、低污染和碳汇。

二、农业绿色发展的内涵

农业绿色发展之要义,是要基本形成与资源环境承载力相匹配、与生产生活生态相协调的农业发展格局,努力实现耕地数量不减少、耕地质量不降低、地下水不超采,化肥、农药使用量零增长,秸秆、畜禽粪污、农膜全利用,实现农业可持续发展、农民生活更加富裕、乡村更加美丽宜居。

农业绿色发展的基本特征是资源利用更加节约高效。长期以来,我国农业高投入、高消耗,资源透支、过度开发。推进农业绿色发展,就是要依靠科技创新和劳动者素质的提升,提高土地产出率、资源利用率、劳动生产率,实现农业节本增效、节约增收。

农业绿色发展的内在属性是产地环境更加清洁。农业和环境最相融,稻田是人工湿地,菜园是人工绿地,果园是人工园地,都是"生态之肺"。近年来,在农业快速发展的同时,生态环境却亮起了"红灯"。推进农业绿色发展,就是要大力推广绿色生产技术,加快农业环境突出问题治理,再现农业绿色的本色。

农业绿色发展的根本要求是生态系统更加稳定。山水林田湖是一个生命共同体。长期以来,我国农业生产方式粗放,农业生态系统结构失衡、功能退化。推进农业绿色发展,就是要加快推进生态农业建设,培育可持续、可循环的发展模式,将农业建设成为美丽中国的生态支撑。

农业绿色发展的重要目标是绿色供给能力明显提升。习近平总书记强调:"推进农业供给侧结构性改革,要把增加绿色优质农产品供给放在突出位置。"当前,农产品供给大路货多,优质的、品牌农产品还不多,与城乡居民消费结构快速升级的要求不相适应。推进农业绿色发展,就是要增加优质、安全、特色农产品供给,促进农产品供给由主要满足"量"的需求向更加注重"质"的需求转变。

第二节　农业绿色发展的外延

农业绿色发展既是理念又是举措，是尊重自然规律、顺应自然规律的发展方式。绿色是农业的本色，绿色发展是农业供给侧结构性改革的基本要求，也是实现农业发展与水土资源及环境之间协调发展的有效措施。当代人有义务考虑并满足后代人的需求，按照绿色发展理念的要求，形成绿色生产方式，加大水土资源节约和环境保护，形成节约资源和保护生态的产业结构、生产方式和生活方式。

一、绿色生产方式

面对人与自然的突出矛盾和资源环境的瓶颈制约，只有大幅提高经济绿色化程度，推动形成绿色生产方式，才能走出一条经济增长与碧水蓝天相伴的康庄大道。推动形成绿色生产方式，就是努力构建科技含量高、资源消耗低、环境污染少的产业结构，加快发展绿色产业，形成经济社会发展新的增长点。绿色产业包括环保产业、清洁生产产业、绿色服务业等，致力于提供少污染甚至无污染、有益于人类健康的清洁产品和服务。发展绿色产业，要求尽量避免使用有害原料，减少生产过程中的材料和能源浪费，提高资源利用率，减少废弃物排放量，加强废弃物处理，促进从产品设计、生产开发到产品包装、产品分销的整个产业链绿色化，以实现生态系统和经济系统良性循环，实现经济效益、生态效益、社会效益有机统一。

二、水土资源保护

第一，以"三条红线"为原则，提高对农业生产的水资源保障。为此，要以提高灌溉用水效率为着力点，明确节水的重点区域，并注重不同区域的技术开发与集成；同时，要以区域水环境保护为核心，调整产业结构，切实为粮食生产提供清洁灌溉水资源，从而实现粮食生产的数量与质量"双安全"。第二，加强农村污水处理、污水再生利用模式及技术的研究，减少水污染。采用污水再生利用技术，使得处理后的污水满足水质标准的要求，在技术标准规范的指导下，对各种先进、经济、适用的技术进行综合与集成，采用适宜的技术路线和工艺方案，以实现污水资源化利用的目标。要尽快研究建立各类用途再生水的水质标准体系，逐步制定和完善相关技术规范和配套政策，确保健康有序地推进城市污水再生利用工作。第三，以土地生产率为准则，确保18亿亩（1亩≈667平方米，全书同）耕地红线，以提高土地生产率为目标，改善耕地质量。农业可持续发展需要优质的耕地来保障。为此，需要大力推进高标准基本农田建设，改善耕地质量，提高土地生产率。第四，以提高农产品质量为目标，加强受污染土壤的生态修复。可以采取有效措施，加大受污染土壤的修复力度。例如，通过创新水质监测技术，减少污水灌溉造成的土壤污染；通过创新测土配方施肥技术，提高化肥有效利用率，减少化肥施用对土壤造成的污染；创新土壤污染治理技术，将植物修复技术、生物修复技术、物理修复技术以及化学修复技术进行集成，根据土壤污染的类型及程度，选择合适的集成技术；针对目前中国耕地重金属污染问题，应采取综合有效的技术措施，加大恢复治理的力度。

三、农业农村环境污染治理

按照以人为本、防治结合、标本兼治、综合施策的原则，全面推进农业面源污染防治。第一，防治农田污染，科学合理使用农业投入品，提高使用效率，减少农业内源性污染。普及和深化测土配方施肥，改进施肥方式，鼓励使用有机肥、生物肥料和绿肥，到2020年化肥施用量实现零增长。推广高效、低毒、低残留农药、生物农药和先进施药机械，推进病虫害统防统治和绿色防控,到2020年农药施用量实现零增长。综合治理地膜污染,推广加厚地膜,加快机械化捡拾示范推广,开展废旧地膜机械化捡拾示范推广和废旧地膜回收利用,加快可降解地膜研发,到2020年农业主产区农膜和农药包装废弃物实现基本回收利用。开展农产品产地环境监测与风险评估,建立健全全国农业生态环境监测体系。第二,综合治理养殖污染。支持规模化畜禽养殖场(小区)开展标准化改造和建设,提高畜禽粪污收集和处理水平,控制畜禽养殖氨排放。到2020年和2030年养殖废弃物综合利用率分别达到75%和90%以上,规模化养殖场畜禽粪污基本实现资源化利用,实现生态消纳或达标排放。在饮用水水源保护区、风景名胜区等区域划定畜禽禁养区、限养区。建设病死动物无害化处理设施,严格规范兽药、饲料添加剂生产和使用,健全兽药质量安全监管体系。严格控制近海、江河、湖泊、水库等大中型水域的养殖容量和养殖密度,开展水产养殖池塘标准化改造和生态修复,推广高效安全复合饲料,逐步减少使用冰鲜杂鱼饵料。第三,改善农村环境。科学编制村庄整治规划,加快农村环境综合整治,保护饮用水水源,加强生活污水、垃圾处理。推进规模化畜禽养殖区和居民生活区的科学分离。禁止秸秆露天焚烧,推进秸秆全量化利用,到2020年农业主产区农作物秸秆基本得到利用。开展美丽乡村创建,保护和修复自然景观和田园景观,开展农户及院落风貌整治和村庄绿化美化,整乡整村推进农村河道综合治理。注重农耕文化、民俗风情的挖掘展示和传承保护,推进休闲农业持续健康规范有序发展。

四、规范农业生产环节

首先,规范农业生产资料的生产行为。依据绿色发展理念,严格要求化肥生产企业根据测土配方施肥工程所提供的土壤肥力信息,生产满足区域需要的肥料;加大生物农药生产技术的推广力度，从源头上杜绝剧毒农药的生产，以减少对农产品及其生产环境的污染；大力推广可降解薄膜生产技术，降低其生产成本，减少白色污染；在饲料生产方面，杜绝铜、锌、砷等金属元素的添加，以减少随养殖废弃物进入土壤或水体对其造成重金属污染或破坏土壤离子平衡。其次，规范农业生产主体的行为。以绿色发展理念为指导，政府应发挥好引导、服务功能，加快制定严格的农产品质量标准体系，使产前、产中、产后的质量监督、管理都能与国际接轨；完善农业社会化服务体系，提高农业生产化解自然和市场风险的能力；强化农产品质量安全检测监督，建立一支专业技术人才队伍，发挥其在农产品质量检测中的作用；企业、农民作为农业生产的直接主体，应按照农业生产技术规范进行生产，以确保农产品质量安全。

第二章 生态文明建设理论与实践

生态文明建设是生态需求、物质需求和精神需求"三大需求"相融合的自然—经济—社会复合生态系统，旨在将生态效益、经济效益和社会效益三者有效地统一起来，实现生态和谐、社会和谐。潘家华（2018）认为社会主义生态文明新时代是"生态红利"的时代，把人和自然看作一个和谐共生的整体，让自然休养生息，意在建设人与自然和谐、生产发展、生活富裕、生态繁荣的文明社会。

第一节 生态文明建设的时代背景

生态文明是自然和谐与社会和谐的统一，自然和谐是社会和谐的基石。人与人、人与社会之间的关系在人类改造自然的生产过程中形成，并对人与自然的关系产生影响。生态文明观念的形成既可以追溯到我国古代文明的哲理精华，同时又蕴含"人与自然""人与人"两大关系的演化过程。

一、人类文明史中的天人关系

从人与自然关系的视角来看，人类社会经历了原始文明、农业文明、工业文明、生态文明四个阶段的文明形态，在不同阶段由于生产力发展水平的差异，人类对自然界的认识水平都发生了重要的转变。牛文元（2013）总结了不同过程中人类文明的特点：原始文明基本靠"本能"，其特质是"淳朴"，缺憾是具有盲目性；农业文明基本靠"体能"，其特质是"勤勉"，缺憾是具有依赖性；工业文明基本靠"资本"，特质是"进取"，缺憾是具有掠夺性。不同时期人类社会文明过程都留有历史的烙印和特点，具体如下。

（一）原始文明：敬畏自然、依附自然和崇拜自然

人类社会早期，生产力水平极其低下，人类在与自然的关系中处于依附状态，原始人群在生产中较为乏力，生产工具以石器为代表，采用刀耕火种的耕作方式，单纯依靠物质循环来恢复地力，其中劳动是第一生产要素，采集和狩猎是人类获得生活资料的主要方式，生存是其主要目标。由于对自然的畏惧，将大自然的日月星辰、凶禽猛兽等加以神化，并对它们产生崇拜。

（二）农业文明：改造自然、利用自然和支配自然

农业文明时期人类开始认识自然，利用自然，人类改变自然的能力有了质的提高，手工业、种植业、畜牧业得到了发展，基本满足了人类对能源、资源的需求，经济得到一定的发展，人类开发利用一定的资源，土地是第一生产要素，但与自然的关系仍处于低水平的平衡状态。

（三）工业文明：控制自然、征服自然和掠夺自然

1765年第一台蒸汽机的诞生，标志着人类历史进入了一个新纪元。如果说土地推动了农业文明的发展，无疑，科学技术是工业文明的动力机，资本成为工业文明的第一生产要素，工业文明时期科技取得了一定的发展，在利用自然资源的同时，也带来了前所未有的环境危机。西方国家率先步入工业化阶段，最早享受工业文明带来的繁荣的同时，也最早尝到工业化带来的恶果。在工业发达国家，从20世纪50年代开始，破坏环境的"公害事件"屡见不鲜，世界八大公害事件（马斯河谷烟雾事件、多诺拉镇烟雾事件、伦敦烟雾事件、洛杉矶光化学烟雾事件、水俣病事件、富山骨痛病事件、四日市气喘病事件、米糠

油事件），涉及大气污染，或有毒化工原料直接排入水体，或直接污染食物，严重危害人类身体健康。

人类文明发展表明工业文明发展黑色化是常态，工业文明一切光辉成就的取得，说到底是以牺牲自然生态、社会生态和人体健康为代价，创造着黑色的文明史。

（四）生态文明：保护自然、尊重自然与善待自然

反思人类文明的发展历程中人与自然的关系，由于生产力、生产工具、生产要素和产业结构的变化，显然需要建立一种新的文明理论，以适应新的时代发展的要求，生态文明应运而生，打破传统的修补式治理污染的思路，转变为预防式生产和生活模式，囊括整个社会的各个方面，既要求实现人与自然的和谐，又要求人与人的和谐，是社会全方位的和谐，是一种"绿色"文明。

二、生态文明理论形成上的两大思想渊源

生态文明的思想渊源已久，在中国传统思想中，自古就把天地万物看成是一个整体。《尚书·洪范》中的无形说，把金、木、水、火、土这五种最基本的物质看成是构成世界万物的元素，彼此之间相互联系，相互制约，构成统一的整体。管子主张天与人的协调，认为"人与天调，然后天地之美生"。我国传统的生态文明智慧与马克思的生态文明观共同构成了生态文明形成的两大渊源。

（一）中国传统生态文明智慧

中华民族五千年传统文化博大精深，其中蕴含丰富的天人合一、道法自然、人与自然和谐统一等生态文明智慧和生态伦理思想。

（1）儒家——天人合一。天人合一是儒家生态思想的核心。所谓天人合一，一般是指人与自然为一体，人与自然和谐相处

(蔡登谷，2011）。孔子倡导"仁爱万物"，孟子发扬"仁爱"思想，提出了"君子之于物也，爱之而弗仁；于民也，人之而弗亲。亲亲而仁民，仁民而爱物"。董仲舒提出"天人之际，合而为一"，张载在《正蒙·乾称》中说："因明致诚，因诚致明，故天人合一。"明确提出"天人合一"。

"天人合一"的思想核心是人与自然的关系和谐、统一的发展，而不是对立或对抗的，是"天道"与"人道"的合一，肯定自然规律与道德法则的内在统一，反映出深邃的生态文明思想。

（2）道家——道法自然。"道法自然"是道家的核心价值理念，认为大自然是一个充满生命的整体，"道"是世界的本原，是创造一切生命的源泉。"道"不是一个具体实物，而是无形无象，无处不在，是天地万物之源。《老子》里有"道生一，一生二，二生三，三生万物；人法地，地法天，天法道，道法自然"的表述。庄子认为："天地万物，物我一也。"道具有自然无为的本性，人要顺应本性，反对人为。

"道法自然"把自然看作一个整体，所有事物都相生相息，提倡顺应自然规律，不去做违反自然规律的事。达到天、地、人的和谐统一，这与生态伦理学的思想是一致的。

（3）佛教——生态关怀。佛教具有两千多年的历史，蕴含着丰富的生态文明思想，"众生平等""慈悲为怀""佛化自然"等都是其生态关怀的表现。"一切众生悉有佛性，如来常住无有变异。"佛教强调众生平等，生命轮回，要尊重生命，万物皆有生存的权利，要善待万物。"勿杀生"被佛教奉为"五戒"之首，告诫人们不要滥伐森林，滥杀动物，引导人类以自然为本，与自然平等相处，有利于生态环境保护。

中国传统文化源远流长，其蕴含着的生态观，主张顺天量地，中庸和谐，循环发展，其思想精髓世代传承、博大精深，融入了经济社会生活的方方面面，影响极其深远。

(二) 马克思的生态文明观

马克思生态文明观既包括生态经济观的解读,又包括对生态社会观和生态经济观的客观论述,是生态马克思主义经济发展理论的生态阐释。马克思主义生态经济学说是指马克思主义创始人马克思、恩格斯的生态学和生态经济观点、思想和理论,这个学说蕴藏着丰富的文明和生态文明思想。

(1) 人与自然和谐共处的思想。对于人与自然的关系,马克思、恩格斯给出了深刻的诠释,首先,承认自然存在的客观性,人只是自然的一部分;其次,人是靠自然界生活,人与自然要和谐相处。马克思指出,"人直接地是自然存在物",而且是"有生命的自然存在物"。这就是马克思思想中对于人首先具有自然属性的解释。

工业文明形态下的人类过度开采自然资源,违背自然规律,引发了环境污染、生态危机,以致人与自然的关系日益紧张。马克思说:"不以伟大的自然规律为依据的人类计划,只会带来灾难。"恩格斯(1857)在《自然辩证法》中指出:我们不要过于得意我们对自然界的胜利。对于我们的每一次胜利,自然界都报复了我们。每一次的这种胜利,第一步我们确实达到预期的结果,但第二步和第三步却有了完全不同的意想不到的结果,常常正好把第一个经过的意义又取消了。美索不达米亚、希腊、小亚细亚以及其他各地的居民,为了想得到耕地把森林都砍完了,但是他们怎么也想不到,这些地方今天竟因此成为荒芜不毛之地,因为他们把森林砍完之后,水分积聚和储存的中心也不存在了……因此我们必须时刻记住:我们统治自然界,绝不能像征服者统治异族一样——相反地,我们同我们的肉、血和头脑一起是属于人类自己,存在于自然界中;我们对自然界的整个支配,仅仅是因为我们胜于其他一切动物,能够认识和正确运用自然规律。

马克思思想承认人具有能动性,作用于自然的同时,反作用于自然界,但是对于人与自然关系的阐释中更多强调的是人类在改造、利用自然的过程中,要顺应自然规律,才能造福社会,否则物极必反,一味地破坏自然生态,违反自然规律,必然会受到自然的惩罚。

(2) 物质循环,废物再利用思想。马克思的生态文明思想中蕴含着循环经济的雏形,涵盖生产到消费到再利用的过程。根据循环经济的思想,世界上没有真正的垃圾,只有放错地方的资源。在社会生产和再生产过程中,消除污染的有效途径就是将废弃物变成原料,再次利用。而马克思生态文明思想中关于物质循环的核心就是强调对社会生产和生活的排泄物要进行"分解"和"再利用"。马克思对于生产排泄物和生活排泄物还进行了详细的说明。马克思说:"我们所说的生产排泄物,部分地指消费品消费以后残留下来的东西。……铁屑等,是生产排泄物。……破衣破布等,是消费排泄物。"马克思认为,如果这两种消费排泄物不加以处理,且排泄物积累超过了自然生态系统的自净能力,则会造成生态失衡,环境恶化。

马克思物质循环利用的思想是生态经济协调发展的体现,在物质再生产过程中,变废为宝,解决了传统末端治理的弊端,实现了生态—经济—社会多重系统的有机协调发展,是生态文明的重要体现。

(3) 科技进步推动人与自然和谐发展思想。马克思指出:"手推磨产生的是封建主的社会,蒸汽磨产生的是工业资本家的社会。"恩格斯指出,"科学是一个伟大的历史杠杆"。在马克思看来,科学是一种在历史上起推动作用的、革命的力量。在废物再次循环利用的过程中马克思还认为,废物的减少,主要取决于所使用的机器和工具的质量,依靠科技力量对工业废料进行综合利用。

第二节 习近平生态文明思想

习近平生态文明思想内涵丰富，它不仅将我国传统文化中"天人合一""恩至于水""恩至于土"等思想文化精髓赋予了新时代的活力，同时也融合了马克思生态文明观，将生态文明建设融入新时代中华民族伟大复兴的历史使命之中，深刻回答了为什么建设生态文明、建设什么样的生态文明、怎样建设生态文明等重大理论和实践问题，为实现生态效益与经济效益两者的和谐共生指明了出路。

一、发展历程

习近平同志曾在多个重要场合强调了"生态文明建设"在我国未来发展中的重要性，并围绕生态文明建设问题提出过一系列富有新时代属性的新理论、新战略和新方针，是一个总结历史发展经验、立足当代可持续发展需求、不断求索与创新的过程。习近平生态文明建设思想的形成与建立遵循了客观、科学、严谨、清晰的发展进程，主要包含了萌芽阶段、发展阶段和成熟阶段。

（一）萌芽阶段

陕北农村的知青经历萌发了习近平生态文明建设思想，生态理念也孕育于此。为响应毛主席"上山下乡"的号召，1969—1975 年习近平作为知青到陕西省延川县文安驿公社梁家河大队插队 7 年。黄土地生态环境恶劣，生活条件艰苦，时至今日，延川县还是国家级贫困县。为改善生产条件，习近平带领村民改善生态，打坝造田。在全国试行建设沼气池的初期，习近平去已建成沼气池的四川省实地考察，带领梁家河全村，利用秸秆和畜禽粪便，成功建成了几十口沼气池，基本上解决了社员做饭、照明的问题。沼气池在当地的成功实践，是一次资源循环利用的实际应用，这不仅仅是一个变废为宝的个案，更使得习近平认识到了循环能源对改善人民生活质量的积极作用，这也开启了习近平生态文明建设思想的大门。

20世纪80年代末，习近平担任福建省宁德地区地委书记，鼓励地方开创"绿色工程"，依托荒山、荒坡、荒地和荒滩，实行集约化经营。他认为，林业具有很高的生态、社会和经济效益，提出"森林是水库、粮库、钱库"，重视发展林木业这一提法显示出了其早期生态文明建设思想的进一步变化。

（二）发展阶段

习近平十分重视当地生态环境与经济发展相结合。调任福州市委书记后，1992年习近平就主持编订《福州市20年经济社会发展战略设想》（"3820"工程），对福州市未来20年的经济和社会的发展制定了策略与目标，该"战略设想"把福州的第一产业、第二产业、第三产业以及教育、科技、政治、经济、文化等方面做了统筹规划，并明确提出"一定要做好经济发展过程中的环境保护工作"。该"3820"工程规划设计不仅给福州政治、经济、文化建设指明了发展方向，而且也是"生态环境"概念在习近平的公开文献中的第一次呈现，为其后续生态文明建设思想的凝练、拓展、深化奠定了基础。

习近平开始在福建省任职后，便注意到福建省存在着严重的水土流失问题，2002年，他最早提出了"建设生态省"的伟大构想，推动编制实施《福建生态省建设总体规划纲要》，强调任何形式的开发利用，都要在保护生态的前提下进行，福建省也因此成为国内首批生态省建设试点。"生态省"的战略思想是生态文明建设、绿色发展思想的体现，通过转变经济增长方式，实现环境的保护，实现可持续发展。

2002—2007年，习近平任浙江省委书记，他强调："你善待环境，环境是友好的；你污染环境，环境总有一天会翻脸，会毫不留情地报复你。这是自然界的客观规律，不以人的意志为转移。"习近平亲自指导编制和推动实施《浙江生态省建设规划纲要》,将"建设生态文明省"的理念带到了浙江,并将这一理念的内涵进行了延伸,由陆地延伸到海洋。2005 年他在湖州市安吉县余村考察时提出"绿水青山就是金山银山",指出在鱼和熊掌不可兼得的情况下,必须善于选择,走"生态立县"的道路。

(三)成熟阶段

党的十七届一中全会选举习近平为中央政治局常委,党的十七大报告中也充分体现了他的生态文明建设理念,从这一时期开始,"弘扬生态文明理念,加强生态文明建设"被提高到国家层面。在党的十八大中,习近平等新一届领导人将"生态文明建设"提升到了"五位一体"总体布局的新高度,党的十八大报告中以大篇幅的文字确立了"生态文明建设"是全国人民全面建成小康社会的行动指南。党的十八届三中全会提出加快建立系统完整的生态文明制度体系,并将资源产权、生态红线、生态补偿、管理体制等内容纳入生态文明制度体系中。党的十八届四中全会提出用严格的法律制度保护生态环境,加快建立有效约束开发行为和促进绿色发展的生态文明法律制度。党的十八届五中全会将生态文明建设作为新内涵写入我国"十三五"规划。党的十九大报告明确提出建设生态文明是中华民族永续发展的千年大计,必须树立和践行"绿水青山就是金山银山"的理念,再次将生态文明提高到战略高度。党章修改中增加了把我国建成富强民主文明和谐美丽的社会主义现代化强国,增强"绿水青山就是金山银山"的意识等内容。2018 年 3 月通过的《中华人民共和国宪法修正案》写入了生态文明。2018 年 5 月,习近平同志在生态环境保护大会上所做的发言中,把生态文明建设是中华民族永续发展的千年大计改为根本大计,系统阐述了"八个坚持"的内容:坚持生态兴则文明兴,坚持人与自然和谐共生,坚持"绿水青山就是金山银山",坚持良好生态环境是最普惠的民生福祉,坚持山水林田湖草是生命共同体,坚持用最严格制度最严密法治保护生态环境,坚持建设美丽中国全民行动,坚持共谋全球生态文明建设。至此,标志着习近平生态文明思想的正式确立。

习近平生态文明思想的形成与发展,秉持着从实际出发,理论与实践相结合的严谨态度,其生态文明思想发展经历了从萌芽到成熟、从实践到理论、从民生到政治的过程,为我国生态文明法制建设的顺利实施提供了可能。

二、习近平生态文明观的内容

习近平生态文明思想包含的举措是全面的,包括科技、政治、理念各个方面,并且各方面相互配合,具体而言,包括如下几个方面。

(一) 绿色发展观

习近平曾这样概括生态环境与人类文明的关系:"生态兴则文明兴,生态衰则文明衰。"并在多次重要讲话中明确强调了生态问题的重要性,他指出,"保护环境就是保护生产力,改善生态环境就是发展生产力"的思想指示。

可见,习近平对人与自然的关系进行了深刻的思考。基于对人与自然、生态环境与经济发展的辩证关系的认识,提出了解决二者矛盾的方案,即绿色发展观。实行绿色发展首先需要转变经济增长方式,大力发展节能环保产业,加快核电、风电、太阳能光伏发电等新材料、新装备的研发和推广,推进生物质发电、生物质能源、沼气、地热、浅层地温能、海洋能等应用。全面促进资源节约循环高效使用,推动利用方式根本转变。习近平对此提出:"建立在过度资源消耗和环境污染基础上的增长得不偿失。我们既要创新发展思路,也要创新发展手段。要打破旧的思维定式和条条框框,坚持绿色发展、循环发展、低碳发展。"

（二）生态政治观

生态政治观念的一个重要方面就是符合社会主义国家的本质，为人民的利益而奋斗。生态文明建设离不开政府的主导、推动和监督落实。习近平也提出"是否能将社会成员有效动员起来是政府执政能力的体现"。习近平明确指出，用严格的法律制度保护生态环境，加快建立有效约束开发行为和促进绿色发展、循环发展、低碳发展的生态文明法律制度。这一重要论断揭示了生态文明建设制度化、法制化的重要性。习近平的生态文明制度建设为走向生态文明新时代提供了根本保障和现实路径。

（三）生态文化观

生态文化观的建立是生态文明建设的内在推动力，是构筑和谐社会的凝聚力和整合力。生态文化的缺失会在一定程度上引发资源紧缺、生态系统被破坏以及环境污染等问题。所以，习近平强调："要化解人与自然、人与人、人与社会的各种矛盾，必须依靠文化的熏陶、教化、激励作用，发挥先进文化的凝聚、润滑、整合作用"。生态文化扩充了人类文化内涵，其中包括人与自然、人与社会的伦理道德建构，良好的生态文化氛围有利于全社会生态价值观的形成，为人与自然和谐共处提供重要保障。

（四）全球生态观

随着全球化趋势不断加深，生态危机早已经不是某一个国家的个别问题，它是全世界人民需要共同解决的重要问题。习近平在外交场合也多次成功地用他的生态文明理念引导着整个世界。他多次强调："应对全球气候变化关乎各国共同利益，地球安危各国有责"，习近平的生态文明思想已经从我国提升到了"地球家园"的世界流高度。

对于共建合作共赢的全球治理体系，习近平在生态文明贵阳国际论坛的贺信中指出，保护生态环境是全球需要面对的共同挑战。习近平表示，中国愿意承担国际义务，愿意与其他国家一起为维护生态环境开展国际合作，这体现出了中国作为大国所应承担的责任义务和胸怀。习近平的全球生态观充分体现了中国在推进生态文明建设中的高度责任感，并将生态建设问题放在全球、全人类的高度来对待，体现出了习近平生态文明建设思想的国际视野。

三、习近平生态文明思想系统论述

2018年5月，习近平在全国生态环境保护大会上的讲话中强调，生态文明建设是关系中华民族永续发展的根本大计，新时代推进生态文明建设要坚持以下原则：人与自然和谐共生，绿水青山就是金山银山，良好生态环境是最普惠的民生福祉，山水林田湖草是生命共同体。这都是习近平生态文明思想的论述，具体分析如下。

（一）"两山"理论

从社会发展过程来看，人们在实践中对绿水青山和金山银山这"两座山"的认识经历了3个阶段：第一阶段，"只要金山银山，不要绿水青山"，此阶段是粗放式经济增长阶段，一味追求高的国内生产总值（GDP），而造成了资源的过度开发、环境的破坏；第二阶段，"既要金山银山，也要绿水青山"，此阶段人们对人与自然的关系进行反思，打破旧的思维定式，强调绿色发展、循环发展和低碳发展；第三阶段，"绿水青山就是金山银山"，强调生态环境保护也是发展，绿水青山本身就是财富，生态环境优势可以转换为绿色经济优势。这是一种更高层次的境界。

习近平多次强调"绿水青山就是金山银山"，在社会各界引起了强烈的反响，对于生态文明和绿色发展的认识有了不同程度的提高，从思维上进行转变，助推节能环保产业、清洁能源产业的发展，全面推进资源节约和循环利用，实现经济的高质量发展。

（二）良好生态环境是最普惠的民生福祉

习近平总书记指出，良好生态环境是最公平的公共产品，是最普惠的民生福祉。对于良好的生态环境和民生福祉之间深刻关系的科学论述是习近平总书记在海南考察时提出的。党的十九大报告提出，中国特色社会主义进入新时代，我国社会主要矛盾已经转化为人民日益增长的美好生活需要和不平衡不充分的发展之间的矛盾。习近平指出，生态问题不仅仅是一个经济问题，更是一个民生问题、社会问题、政治问题，老百姓过去"盼温饱"，现在"盼环保"；过去"求生存"，现在"求生态"。坚持生态惠民就要重点解决损害群众健康的突出环境问题，不断满足人民日益增长的优美生态环境需要，打赢"水、土、气"三大"战役"，还百姓碧水蓝天。持续开展农村人居环境整治行动，打造美丽乡村，为百姓留住鸟语花香田园风光，留得住青山绿水，记得住乡愁。

（三）"山水林田湖草"生命共同体

山水林田湖草是一个生命共同体，人的命脉在田，田的命脉在水，水的命脉在山，山的命脉在土，土的命脉在林和草，这也是习近平生态文明思想的重要部分。"生命共同体"的观点，揭示了生态自然观的实质，丰富了马克思主义自然观。

生命共同体的提出是一个系统论的应用，生态系统是由人类及其他生命体、非生命体及其所在环境构成的整体。生态系统各组成要素相互作用、相互依存，并遵循自身演化发展的规律。自然状态下，各种要素相互依存，实现循环的生态链条，其中某个要素的破坏，直接会影响生态系统功能的发挥，从而引发生态失衡。

生态环境的保护与治理工作应以"山水林田湖草"生命共

同体的理论为指导，按照区域生态系统的整体性、系统性及其内在的自然规律性，要统筹兼顾，多措并举，不能只是局限于部分，而是全方位、全地域、全过程开展生态文明建设。

第三节　生态文明建设的理论和内容

习近平总书记在致生态文明贵阳国际论坛 2013 年年会的贺信中指出："走向生态文明新时代，建设美丽中国，是实现中华民族伟大复兴的中国梦的重要内容。"北京大学的张世秋教授提出关于生态文明等社会观念变革已成为全球的第三次环境变革。生态文明建设就是人类自我救赎的一种倡导，从传统的发展观到可持续发展观，直至绿色发展观、五大发展理念的演变，无不阐释着人与自然关系的悄然变化。

一、生态文明的理解

生态文明建设是可持续发展的重要内容，生态危机是全球性的，"蝴蝶效应"触目惊心，而环境问题的根源在于世界人口的迅速增长。人口对自然资源、环境的消耗已超出地球的承载力，经济学家、生态学家已对经济增长带来的环境问题进行了深刻的反思，进行着一系列的绿色救赎。

马克思在《资本论》中讲到资本主义大工业和城市的发展所产生的影响时曾经指出：大工业"一方面聚集着社会的历史动力，另一方面又破坏着人和土地之间的物质交换……从而破坏土地持久的永恒的自然条件。"

（一）生态文明内涵

生态文明虽然在国内外经济学界都得到了广泛的认同，但是对生态文明理解的出发点不同，看问题的角度不同，给出的解释就有所差异。诸大建（2008）将其定义为用较少的自然消耗获得较大的社会福利。这一概念操作性强，体现着生态文明必须要跨越生态门槛和福利门槛,即经济增长要与资源消耗、环境污染脱钩,同时社会福利又要与经济增长脱钩,这就需要对传统GDP迅速增长造成的气候变暖、资源耗竭、水污染、土壤污染等问题,采取变革式、预防式的对策,发展绿色经济和生态经济,从而代替末端处理的应对式、修补式的发展思路。李世东等(2011)认为生态文明是人与自然共同生息,生态与经济共同繁荣,人、经济、社会与自然全面协调发展的现代文明(本质特征);生态文明是继原始文明、农业文明和工业文明后的一种高级文明形态(历史发展);生态文明是物质文明、政治文明、精神文明的发展与补充,并对物质文明、政治文明、精神文明发展予以"生态化"引导和制约(结构特征);生态文明建设内容包括意识文明、生态行为文明、生态物质文明、生态环境文明和生态制度文明等(建设内容)。李文华(2012)将生态文明的内涵概括为人与自然和谐的文化价值观、生态系统可持续前提下的生产观和满足自身需要又不损害自然的消费观;赵景柱(2013)提出生态文明是指具有保持和改善生态系统服务,并能够为民众提供可持续福利的文明形态;王如松(2013)从政府管理角度对生态文明进行分析,认为生态文明要融入经济建设、政治建设、文化建设和社会建设,特别在政府层面上高度重视;中国科学院可持续发展战略研究组(2013)给出广义的生态文明是指人类社会继原始文明、农业文明、工业文明后的新型文明形态,囊括整个社会的各个方面,既要求实现人与自然的和谐,又要求人与人的和谐,是社会全方位的和谐;狭义的生态文明是指与物质文明、政治文明(制度文明)和精神文明并列的文明形态之一。

由此可见,生态文明是文明交替过程中被社会逐步接受的一种形式,在尊重"山水林田湖草"生命共同体运行规律的基础上,形成经济高效、社会公平、环境优质的三角稳定态势。生态文明是"从上到下"生态环保制度的严格实施,又是"从下到上",从个人到政府对生态价值观念认识的全新转变,还是"上下联动"的全方位、多层面的生态保护行动的落实践行。我国对生态文明探索的步伐从未间断,生态文明的研究逐步遍及社会各个层面。

(二) 生态文明建设逻辑框架

生态文明建设涉及生产和生活领域的方方面面,从宏观的总量控制,到中观的行业转型,再到微观的生产和生活行为。

二、生态文明建设的基本组成

生态文明建设的关键,是处理好人与自然的关系,使经济社会发展建立在资源能支撑、环境能容纳、生态受保护的基础上,使青山常在、清水长流、空气常新,让人民群众在良好生态环境中生产生活。生态文明建设并不仅仅是浮于表面的"种草种树""末端治理",而是转变现有发展的模式、思维、观念,生态文明的建设贯彻于社会、政治、经济、文化等各个领域,更与现代生产力布局、产业结构、空间格局、生活生产方式、制度治理体制、思想价值观念密不可分,是一项人人有责、互利共赢、共享共建、广博而系统的伟大工程和历史性的绿色变革。

根据生态文明建设目标及要求,生态文明建设基本由五个部分组成,即生态经济建设、生态环境建设、生态制度建设、生态科技建设、生态文化建设。

(一) 生态经济建设

把生态文明建设以及环境保护的绿色发展理念与经济发展相结合,从而提高经济发展的质量,优化经济增长的发展模式,实现经济的高质量发展。继续促进清洁生产、鼓励循环经济,优化经济结构,提高资源的利用效率,缓解经济发展对生态环境所造成的压力,推动可持续的生产模式,为生态文明建设提供坚实稳定的物质保障。

(二) 生态环境建设

加强和深化环境保护工作,继续加强污染防治,加大退化土地管理力度,改善和重建已经受损或退化的生态系统,恢复和提高自然系统的再生和自洁能力,优化和增强生态系统的服务功能和其本身的承载能力,为生态文明建设提供安全的环境保障。

(三) 生态制度建设

建立和完善绿色发展和环境保护的相关法律法规,工作标准和完备的政策制度体系,优化多边合作,建立符合绿色发展观的治理结构和治理机制,建立严格的监管污染物排放的环境保护管理制度,为生态文明建设提供健全的制度保障。

(四) 生态科技建设

要想从源头上缓解资源环境和经济发展之间的矛盾,就必须研发出科技含量高、资源利用效率高、环境压力小的产业结构,积极推进绿色化的生产方式,尽量提高经济的绿色化程度,降低经济发展对资源环境造成的压力。

在生产加工过程中,提倡节约资源、有益于环境的生产技术和工艺,建立符合生态绿色发展观的生产系统和产品,增强核心科技的探究,重视开展节能、新能源开发、资源循环、生态修复、污染整治等关键技术领域的相关技术研究,在基础研究和尖端技术研发方面获得深层次的突破。巩固主体地位企业技术创新,积极发挥市场在绿色产业发展和技术路线选择方向的决定性作用。深化科技体制改革,为自然环境治理和生态文明建设提供强有力的技术和科技支撑。

(五) 生态文化建设

在发扬优秀传统文化的基础上,积极建立适应生态文明建设的绿色发展价值观,重视生态文明思想氛围的建设,鼓励生态文化产品开发与推广,逐步形成环境友好、资源节约的绿色消费模式,为生态文明建设提供良好的精神依托和思想动力。

第四节 生态文明建设的通俗表达

"稻花香里说丰年,听取蛙声一片。"寥寥几句诗,一片自然和谐共生的景象浮现脑海。在人类历史发展进程中,人们越来越清晰地认识到,经济社会快速发展决不能以环境的破坏、资源的浪费为代价,生态文明建设势在必行。而习近平"绿水青山就是金山银山"系列表述,其实就是社会主义生态文明观的主要涵义在中国背景和语境下的另一种形象化表达,所强调的是通过大力推进社会主义生态文明建设,在逐渐解决目前所面临的严重生态环境难题的同时,找到一条通向中国特色社会主义的人与自然、社会与自然关系的现实道路,也是当代全球最为形象的绿色新经典理论,是生态文明建设的通俗表达。

走"绿水青山就是金山银山"发展之路,是一场前无古人的创新之路,是对原有发展观、政绩观、价值观和财富观的全新洗礼,是对传统发展方式、生产方式、生活方式的根本变革。

一、"两山"理论的发展历程

(一)"两山"理论的提出

习近平说:第一个阶段是用绿水青山去换金山银山,不考虑或者很少考虑环境的承载能力,一味索取资源。第二个阶段是既要金山银山,但是也要保住绿水青山,这时候经济发展和资源匮乏、环境恶化之间的矛盾开始凸显出来,人们意识到环境是我们生存发展的根本,要留得青山在,才能有柴烧。第三个阶段是认识到绿水青山可以源源不断地带来金山银山,绿水青山本身就是金山银山,我们种的常青树就是摇钱树,生态优势变成经济优势,形成了一种浑然一体、和谐统一的关系。这一阶段是一种更高的境界，既体现了科学发展观的要求，又体现了发展循环经济、建设资源节约型和环境友好型社会的理念。以上这三个阶段，是经济增长方式转变的过程，是发展观念不断进步的过程，也是人和自然关系不断调整、趋向和谐的过程。"两山"理论深刻阐明了生态环境与生产力之间的关系，是对生产力理论的重大发展，饱含敬畏自然、尊重自然、谋求人与自然和谐发展的价值观和发展理念。

（二）"两山"理论被多次深化

2013年1月，习近平在党的十八届三中全会作出《中共中央关于全面深化改革若干重大问题的决定》的说明时，深刻揭示了"天人合一"的生态关系，他说："山水林田湖是一个生命共同体，人的命脉在田，田的命脉在水，水的命脉在山，山的命脉在土，土的命脉在树。"2013年5月24日，中央政治局第六次集体学习"要正确处理好经济发展同生态环境保护的关系，牢固树立保护生态环境就是保护生产力、改善生态环境就是发展生产力的理念"。2013年9月7日，习近平在哈萨克斯坦纳扎尔巴耶夫大学发表演讲时提出："我们既要绿水青山，也要金山银山。宁要绿水青山，不要金山银山，而且绿水青山就是金山银山。"一次次的生动论述将"两山"理论逐步深化。

（三）"两山"理论被写入中央文件

2015年3月24日，习近平主持召开中央政治局会议，通过了《中共中央关于加快推进生态文明建设的意见》，正式把"坚持绿水青山就是金山银山"的理念写进中央文件，成为指导中国加快推进生态文明建设的重要指导思想。"两山"理论是我国环境治理和生态文明建设的重要理论指导，是保障生态环境与社会经济统筹推进，协调发展的"压秤砣"，成为我国"五位一体"总体布局和"四个全面"战略布局中必不可少的一分子。

（四）进一步丰富内涵

2016年3月16日，习近平参加十二届全国人大四次会议黑龙江代表团审议时强调："要加强生态文明建设，划定生态保护红线，为可持续发展留足空间，为子孙后代留下天蓝地绿水清的家园，绿水青山是金山银山，黑龙江的冰天雪地也是金山银山。"2017年10月，党的十九大报告明确提出：坚持人与自然和谐共生。建设生态文明是中华民族永续发展的千年大计，必须树立和践行绿水青山就是金山银山的理念。"两山"理论成为新时代中国特色社会主义思想和基本方略的不可或缺的重要内容。十九大通过《中国共产党章程（修正案）》，明确提出中国共产党领导人民建设社会主义生态文明，并将实行最严格的生态环境保护制度、增强绿水青山就是金山银山的意识、建设富强民主文明和谐美丽的社会主义现代化强国等内容写进党章。

中国共产党十九届二中、三中全会分别于2018年1月18日至19日、2月26日至28日召开。二中全会通过《中共中央关于修改宪法部分内容的建议》，建议将生态文明写入宪法。三中全会通过《中共中央关于深化党和国家机构改革的决定》，就自然资源和生态环境管理体制改革作出重大决定，要求实行最严格的生态环境保护制度，构建政府为主导、企业为主体、社会组织和公众共同参与的环境治理体系，为生态文明建设提供制度保障。

（五）中国生态文明建设进入了快车道

2019年4月28日，习近平在2019年中国北京世界园艺博览会开幕式发表题为《共谋绿色生活，共建美丽家园》的重要讲话，提出绿色发展"五个追求"：追求人与自然和谐，追求绿色发展繁荣，追求热爱自然情怀，追求科学治理精神，追求携手合作应对。在追求绿色发展繁荣部分中提到，绿水青山就是金山银山，改善生态环境就是发展生产力。良好生态本身蕴含着无穷的经济价值,能够源源不断创造综合效益,实现经济社会可持续发展。

从"两山"理论的发展历程中可以看出,绿水青山就是金山银山,深刻揭示了社会发展与生态保护、环境保护和财富增长的本质关系,指明了实现发展和保护内在统一、相互促进和协调共生的方法论。保护生态就是保护自然价值和增值自然资本的过程,保护环境就是保护经济社会发展潜力和后劲的过程,把生态环境优势转化成经济社会发展的优势,绿水青山就可以源源不断地带来金山银山,实现财富增长。

二、"两山"理论的重要体现

(一)"两山"理论体现了发展阶段论

发展是硬道理,是人类永恒的主题。但不同发展阶段面临的主要问题是不同的,这就需要科学认识、把握和解决不同发展阶段中的问题。应当把习近平总书记的 3 句话联系起来:既要绿水青山,又要金山银山;宁要绿水青山,不要金山银山;而且绿水青山就是金山银山。这 3 句话代表国家昌盛、民族可持续发展与人民健康。这是从灰色发展到绿色发展的战略转变,是党的十一届三中全会以来中华民族发展中的第二次战略转变,其意义十分重大。

"两山"理论从认识变化的"三阶段"对应了发展的"三阶段",将发展比作登山,对"绿水青山"生态价值的认识经历了三阶段:第一阶段,在登山前的山脚下(平台阶段),人们认为绿水青山"不能当饭吃",想到"砍柴烧";第二阶段,登山过程中,由于饥饿,所以会乱砍滥伐、破坏生态环境;第三阶段,翻过山顶蓦然回首,发现绿水青山的美轮美奂,并采取环境友好的途径将"绿水青山"转变为"金山银山"。由上得出,山还是那座山,在不同的发展阶段,人们愿意付出的资金(支付意愿,WTP)不同,对自然的开发与保护的态度和做法也不相同。而"既要绿水青山,也要金山银山",强调的是经济发展与环境保护的兼顾;"绿水青山就是金山银山",代表生态价值的本来面貌,反映了人对自然生态价值的认识回归,需要生态自觉。

(二)"两山"理论体现了生态系统论

生态是生物与环境构成的有机系统,彼此相互影响,相互制约,在一定时期处于相对稳定的动态平衡状态。人类只有与资源和环境相协调,和睦相处,才能生存和发展。如同古人所云:"天地与我并生,而万物与我为一。"

"两山"理论中"绿水青山"与"金山银山"的关系正是生态系统论的体现。"绿水青山"强调环境保护,"金山银山"强调经济发展,最终实现社会的和谐,人民都有美好的生活,鉴于此,"两山"理论是寻求和实现环境、经济、社会三者之间的平衡,意义非凡。

(三)"两山"理论体现了敬畏自然论

党的十九大提出了:坚持人与自然和谐共生,坚持推动构建人类命运共同体,构筑尊崇自然、绿色发展的生态体系等重要论断。敬畏自然、尊重自然、顺应自然、保护自然谋求人与自然和谐发展的价值观和发展理念。敬,尊敬,这是基本道理;尊敬他人,就是尊敬自己。畏,一是自然的神秘性,二是自然的报复性,则人必须"畏"。只有畏,才能自律,谨慎按规律办事。天阴阳变化,地刚柔变化,人天地之物。天人合一,道法自然。

过去很长一段时间,我们片面强调人对自然的主体作用,提出过"人有多大胆,地有多高产",进行过"战天斗地""毁田造房、毁林造厂、填海造地"等,须知对每一次这样的陶醉,最后大自然都报复了我们。其实,人是自然界的产物,也是自然界的一部分,人类生存须臾离不开自然环境。保护好自然,就是保护好人类自身。

(四)"两山"理论体现了民生福祉论和综合治理论

党的十八大以来,党中央从增进民生福祉和环境综合治理出发,制定出台推进生态文明建设的一系列"组合拳",包括修订实施历史上最严格的环境保护法律,制定印发《中共中央国务院关于加快推进生态文明建设的意见》,从各个方面健全生态文明制度体系,把环境保护和生态文明建设纳入法治化、制度化、系统化、常态化的轨道。

环境治理是一个系统工程,必须作为重大民生实事紧紧抓在手上,保护生态环境,关系最广大人民的根本利益,关系子孙后代的长远利益,关系中华民族伟大复兴及中国梦的实现。

三、"两山"理论的现实意义

(一)生态文明建设的根本遵循

党的十九大报告为未来中国推进生态文明建设和绿色发展指明了路线图,积极践行"两山"理论就是要加快生态文明体制改革、推进绿色发展、建设美丽中国的战略部署。要绿水青山,就要尊崇自然,实现绿色发展;既要为发展提供优良的环境质量,也需要为生态健康提供保障。要实现绿水青山就是金山银山,必须树立人与自然和谐共生的理念,推动绿色产品和生态服务的资产化,让绿色产品、生态产品成为生产力,使我国的生态优势转化为符合中国特色社会主义新时代的经济优势。

(二)实现生态惠民的主要指导

从世界林业发展先进经验看,要顺应绿色发展,发展绿色经济,实现绿色增长。森林是最有价值的自然财富,这是一种根本的主张,木材利用和社会效益并重双赢。联合国《森林战略规划(2017—2030年)》提出增加森林的经济、社会及环境效益,改善以森林为生者的生计。消除所有以森林为生者的极端贫困。越来越多的人向往森林,森林旅游不仅成为一种时尚,而且开始成为一种生活方式。森林旅游是以森林、湿地、荒漠和野生动植物资源及其外部物质环境为依托,所开展的游览观光、休闲度假、健身养生、文化教育等旅游活动的统称。森林旅游的主要载体,则主要依靠森林公园、湿地公园和林业系统的自然保护区。一大批树木园、野生动物园、林业观光园等也被纳入了森林旅游的范畴。

(三)决胜全面建成小康社会的有效途径

绿色是生命的本色,是幸福的底色。绿色的最高境界是与生命长青相连,不仅仅是一种颜色,更重要的是一种理念,一种发展方式,追求的是高质量发展。清洁增长、循环、环保、低碳、可持续、健康等都是重要内涵。全面建成小康社会,要求林业建设把保护生态环境、提供优质生态产品、增加生态福祉作为出发点和落脚点,充分发挥强大生态功能,努力为人民群众营造天蓝、地绿、水净的美好家园。

(四)开启建设社会主义现代化国家的根本保障

在决胜全面建成小康社会后,党和国家事业发展的新目标,是分两步走全面建设社会主义现代化国家。相应地,新征程也分为接力奋进的两个阶段。第一个阶段,从2020年到2035年,在全面建成小康社会的基础上,再奋斗15年,基本实现社会主义现代化。我们建设的现代化是人与自然和谐共生的现代化,到2035年,生态环境根本好转,美丽中国目标基本实现。既要创造更多物质财富和精神财富以满足人民日益增长的美好生活需要,也要提供更多优质生态产品以满足人民日益增长的优美生态环境需要。

第二个阶段,从2035年到21世纪中叶,在基本实现现代化的基础上,再奋斗15年,把我国建成富强民主文明和谐美丽的社会主义现代化强国。到那时,我国物质文明、政治文明、精神文明、社会文明、生态文明将全面提升，实现国家治理体系和治理能力现代化，成为综合国力和国际影响力领先的国家，全体人民共同富裕基本实现，我国人民将享有更加幸福安康的生活，中华民族将以更加昂扬的姿态屹立于世界民族之林。

我国经济已由高速增长阶段转向高质量发展阶段，正处在转变发展方式、优化经济结构、转换增长动力的攻关期，建设现代化经济体系是跨越关口的迫切要求和我国发展的战略目标。必须坚持质量第一、效益优先，以供给侧结构性改革为主线，推动经济发展质量变革、效率变革、动力变革，提高全要素生产率，着力加快建设实体经济、科技创新、现代金融、人力资源协同发展的产业体系，着力构建市场机制有效、微观主体有活力、宏观调控有度的经济体制，不断增强我国经济创新力和竞争力。

第三章 绿色生态品牌建设行动

第一节 概 述

一、绿色生态品牌的内涵

品牌（Brand）是一种识别标志、一种精神象征、一种价值理念，是品质优异的核心体现。品牌既有其外在特点，又有丰富内涵。由品牌可以引申出绿色生态品牌。绿色生态（农业）品牌是指农业生产者或经营者在其农业产品或农业服务的名称及其标记，不仅仅是个标记，而且是该品牌产品、企业，乃至行业囊括了现代绿色生态科学技术，体现了现代"五大发展理念"，体现了绿色发展要求的价值观。

绿色生态品牌实质上包括4个层面的品牌，分别是产品层面、企业层面、行业层面和区域层面的品牌，而此处的行业品牌是指大农业品牌，是指超过常规农、林、牧、渔行业品牌的概念，与农业核心价值相关的行业品牌都属于农业行业品牌。依品牌范畴而言，区域品牌的范畴最大，行业品牌其次，企业品牌居第三，产品品牌最小。

二、绿色生态品牌的分类

绿色生态品牌的分类可以从使用范围和体态上给予分类。

（一）按使用范围分类

可以将绿色生态品牌分为绿色生态产品品牌、绿色生态企业品牌、绿色生态行业品牌、绿色生态区域品牌、绿色生态国家品牌和绿色生态国际品牌，当然这些品牌之间由于各种原因会存在不同程度的重叠。

绿色生态产品品牌是指使用在绿色生态农产品上，用以区分不同商品生产者或经营者的商品的一种标记。对绿色生态商品生产者或经营者来说，绿色生态产品品牌首要的基本功能就是表明该商品系绿色生态产品，而非一般普通的农产品，表明商品的来源、品质和特有的功能。如高山牌绿色有机大米、万年贡米1512产品等。

绿色生态企业品牌是指使用在绿色生态农业企业名称上，用以区分不同商品生产者或经营者的一种标记。在现代市场条件下，绿色生态农业企业往往会将绿色生态产品品牌与绿色生态企业品牌统一起来使用，产品品牌就是企业品牌。

绿色生态行业品牌是指行业整体的品牌形象，有利于该行业整体的发展和产品销售，代表的是整个行业的核心价值。但行业品牌是一种集体的、虚拟的品牌，具有很大的外部性，同时行业品牌离不开政府的扶持和建设管理。

绿色生态区域品牌是指一个地区内农业生产经营者所用的公共品牌标志，它是以特色化、规模化、绿色生态化的地区集聚为基础，采取绿色生态技术开发、带有鲜明地方特色的区域品牌。

绿色生态国家品牌是指标示了"产品来源国"的品牌，这是基于消费者对过去的印象，该印象是来自某些特定国家的产品所形成的整体性认知，代表该国在该产品的国家形象，并同时配以精心设计的营销策略后所特有的核心价值的体现。如中国茅台、泰国香米、"麦当劳"、"人头马"等代表了各国的形象及国际品牌。

绿色生态国际品牌是指国内农业品牌进入国际市场，主要表现为在他国的投资、以自身原有农业品牌从事农业生产经营活动。

(二) 按使用体态分类

可以将品牌分为实体品牌和虚拟品牌。实体品牌是直接区分其他品牌,产品品牌、企业品牌和国际化品牌属于实体品牌,同时部分的行业品牌经过注册地理标志,如"赣南脐橙""金华火腿"等也属于实体品牌。但依据《中华人民共和国商标法》原则,从法律的角度上对农业品牌进行分类,可分为商品品牌、服务品牌和地理标志三类。虚拟品牌是指"看不见,摸不着"的品牌,如服务品牌一般属于此类。

三、绿色生态品牌建设的重要性

第一,绿色生态品牌建设是促进传统农业向现代农业转变的重要手段。贯彻落实中央五大发展理念,创新发展模式,加快传统农业向现代农业转变是新时期农业发展面临的重点任务。农业绿色生态品牌建设是现代化农业的一个重要标志。推进农业绿色生态品牌建设,有利于促进农业生产标准化、经营产业化、产品市场化和服务社会化,加快农业增长方式由数量型、粗放型向质量型和效益型转变。

第二,推进农业绿色生态品牌建设是优化农业结构的有效途径。随着人们的生活水平的提高,社会对农产品品种、质量、安全和功能等提出了新的更高要求。推进农业绿色生态品牌建设,以市场为导向,以满足多样化、个性化、优质化消费为目标,引导土地、资金、技术、劳动力等生产要素向品牌产品优化配置,有利于推进优质资源向质量和效益优先的品牌流动,有利于推进农业结构调整和优化升级,有利于农业供给侧改革目标的实现。

第三,推进农业绿色生态品牌建设是提高农产品质量安全水平和竞争力的迫切要求,也是农业企业长期安身立命的根本。自我国加入 WTO 以来,我国农业的国际化进程明显加快,面临的国际竞争压力进一步加大。农业企业只有将品牌建设放在企业战略突出的位置，贯彻落实公司品牌建设，通过推进农业绿色生态品牌建设，重点培育和打造农业优势绿色品牌，有利于促进农产品整体质量安全水平的提高，有利于形成一批具有国际竞争优势的农业企业和农产品品牌。

第四，推进农业绿色生态品牌建设是实现农业增效、农民增收的重要举措。提高农业效益，增加农民收入，是农业现代化的重要内容。品牌是无形资产，打造农业绿色生态品牌的过程是实现农产品增值的过程。大力发展农业绿色生态品牌有利于拓展农产品市场，促进农产品消费，促进优质优价机制的形成，实现农业增效和农民增收。

第二节 绿色生态品牌建设目标与规划

一、目标与愿景

农业绿色生态品牌建设的愿景是发展农业，尤其是绿色生态农业对绿色生态农业品牌现存价值、未来前景和信念准则的界定，是绿色生态农业品牌建设中不可缺少的一部分。品牌建设首先要构想出品牌愿景与目标，并使其与绿色生态农业发展和经济社会发展相适应。在当前环保的大环境中，广大生产者及消费者的生态文明意识普遍增强，对产品的要求更加科学，绿色生态观为广大消费者所崇尚。绿色生态理念倡导无污染、无公害、有助于公众健康的产品；注重环保，不因农业污染环境；崇尚自然，注重生态资源节约和持续协调发展。绿色生态品牌建设必须符合消费者"健康生活"的绿色生态追求。

"十三五"规划中明确要求，建立健全农产品从农田到餐桌的质量安全体系。持续增加农业投入，完善农业补贴政策。构建新型农业经营体系。着力培育新型职业农民，支持家庭农场、专业大户、农民合作社、农业产业化龙头企业等新型经营主体发展，发展绿色农业企业品牌。打造成一批国内领先的著名绿色生态品牌产品，促进绿色生态农业又好又快的发展。

在行业层面，要求把提高农业综合效益和竞争力摆在更加突出的位置。优化农业生产区域布局，大力发展特色优势产业，深入推进以"百县百园"为重点的现代农业示范园区建设，打造全国绿色食品产业基地。努力建设具有地区影响力、行业品牌和现代绿色生态农业生产基地。

在区域层面，需要各地区根据地区特色和资源特征，整合地区资源，地区政府和行业协会系统规划实施，努力建设具有地区影响力地区品牌，落实投入人力、物力，打造国内知名的区域品牌。

二、建设规划

（一）指导思想

以习近平新时代中国特色社会主义思想和党的十九大精神为指导，贯彻落实"创新、协调、绿色、开放、共享"新发展理念。进一步解放思想，开拓创新，拓展思路，为加快转变经济发展方式，打造资源节约型、环境友好型和自主创新型绿色生态农业。

（二）主要原则

绿色生态品牌建设规划的原则主要有两个方面：一方面是企业内部如何建立生态品牌；另一方面是从绿色生态农业整个行业的角度建立品牌。

1. 从企业角度建立品牌规划

从企业角度建立品牌规划的主要原则有：

第一，以人为本的原则。坚持"以人为本"的原则，牢固树立并自觉践行"三个始终"，密切关注绿色生态产品的消费者、工业企业等对象的感受,切实根据不同产品对象的需求提供市场认可的个性化产品和服务。

第二,彰显特色的原则。特色是服务品牌的个性。绿色生态品牌建设要依托中国传统文化、生态地域文化、农业行业文化及企业自身文化,吸收先进文化和优秀元素,形成具有特色的产品内涵、产品文化和服务信誉等,并通过深入而广泛的传播,让产品有亲切感,让社会大众有认同感。

第三,持续创新的原则。准确把握产品需求快速的变化,持续创新服务方式方法,不断提高产品质量,以更快的速度、更高的标准满足多元化、差异化的需求。尊重品牌建设的规律,积极借鉴行业内外品牌建设优秀成果,用科学发展、持续创新的观点对其进行整合、完善和提升,使绿色生态品牌建设更加符合绿色经济崛起的实际和未来发展的需求。

第四,共同发展的原则。坚持优化整合、共同发展的原则,将绿色生态品牌建设与生态资源和地域优势等有机结合起来,协同一致、相互促进、形成合力。在已有的各项服务流程、标准、规范的基础上,不断优化、整合新标准、新流程,形成统一的服务体系,更好地服务于广大消费者,与其共同成长。

第五,创造价值的原则。把产品做成品牌,让品牌创造价值。在新形势下,促进传统农业向现代农业转变是发展现代化农业的重要使命,是转变农业发展方式的重要途径,是推动"绿色生态农业"的强大动力。建设省市一体化服务品牌,就是要促进这种转变、创造更大价值:对内主要是为员工搭建成长平台,为企业做大品牌、做优品牌,为行业树立良好的社会形象,助力农业提升核心竞争力,增加企业的核心价值。

第六,包容力和扩张力原则。品牌是体系产品或企业的核心价值,著名国际品牌具备很强的包容力和扩张力。品牌延伸能否成功的关键是核心价值是否包容新产品。由于无形资产的利用不仅是免费的,而且还能进一步提高,所以不少企业期望通过品牌延伸来提高品牌无形资产的利用率来获得更大的利润。因此，在品牌建设规划时应充分考虑品牌的前瞻性和包容力。

2. 从行业角度建立品牌规划

从行业角度建立品牌规划的主要原则有：

第一，坚持以市场为导向。主动适应市场全球化、消费多样化、需求个性化的特点，将生态优势、农产品特色优势进行整合，有效锻造农产品品牌、树立良好形象，加强宣传推广，不断提高农产品品牌的市场影响力和竞争力，创建独具特色的农产品品牌形象。

第二，坚持以企业为主体。引导农业龙头企业、农民合作社、家庭农场等新型农业经营主体，通过商标注册、标准制定、质量管理、品牌培育、文化挖掘和科技创新等手段，创建自主品牌，努力打造以品牌价值为核心的新型农业。

第三，发挥政府推动作用。在尊重市场、经营者主体作用的前提下，发挥各级政府的引导作用，积极构建政策支持体系、财政金融扶持体系、技术帮扶体系、产业支撑体系、法治保障体系，通过政策、资金、技术及市场监管等一系列工作措施，营造有利于培育和发展品牌的良好环境。

第四，坚持质效并举。质量是品牌的基础，效益是品牌的目的。坚持以质取胜，确保农产品绿色有机质量标准，树立农产品质优价实的良好形象，最大限度地实现品牌农产品的经济效益和社会效益，促进农民增收。

第五，坚持协同共建。构建"企业主动、政府推动、专家指导、部门联动、社会互动"的农产品品牌建设机制，充分发挥企业的主动作用、政府的推动作用、专家的指导作用和媒体的传播作用，鼓励和保障公众共同参与、生产者与消费者良性互动，形成齐抓共管、共建共享的格局。

三、具体内容

根据品牌的应用范围，品牌分为产品品牌、企业品牌、行业品牌、区域品牌、国家品牌和国际品牌，那么在品牌建设过程中就应该注意品牌应用的范围大小，根据品牌建设的常规性顺序原则，我们一般首先建设产品品牌，其次是建设企业品牌，而有时是先建设企业品牌，后建设产品品牌，这主要是依品牌定位模式而定。如果是以消费者为导向而建立的品牌，则是首先建设产品品牌；如果是以自身优势资源为导向而建立的品牌则是首先建立企业品牌，然后产出产品品牌。因此品牌建设过程中对品牌的定位十分关键。

（一）市场定位

绿色生态品牌的市场定位就是绿色生态农业企业根据品牌愿景和目标为指导，通过一系列的品牌运作活动，使企业品牌价值和内涵在相关者心目中占领一个独特的位置，或使企业品牌价值和内涵在相关者心中形成一种独特的、正面主观联想的过程。在品牌定位建设过程中，首先要对企业内外部环境进行分析。其中内部包括自身战略、管理及人力资源等，外部环境包括政策、竞争对手品牌定位及策略，尤其是对内外部利益相关者进行分析。其次要认真分析企业品牌的关键优势。主要是要认真分析企业的关键优势所在，找出这个品牌的"支撑点"，而这个点能让消费者接受和信服，同时又能强有力地区分其他竞争对手。

（二）建设进程

第一，进行市场调研与竞争产品分析。在市场调研方面，在绿色生态农业企业中进行调研，收集著名品牌在客户中的形象和认识，同时收集著名农业品牌在客户中的产品占比和丰富的绿色生态资源，以及其他竞争对手的市场占有与企业形象，了解著名农业品牌在市场的大致地位。在竞争产品分析方面，产品是品牌建设的基础，产品的好坏直接影响品牌的形象。将著名农业品牌产品与竞争对手产品进行对比分析，从产品的根源上分析，找出著名农业品牌与对手的差别，对著名农业品牌技术和质量不断改进，从产品上改进客户对品牌的认识。

第二，建立企业识别系统（CIS）系统。引入 CIS 整体视觉形象的优化升级，针对企业经营理念与精神文化，运用整体传达给企业内部与社会大众，并使其对企业产生一致的认同感或价值观，从而形成良好的企业形象和促销产品的设计系统。品牌建设推进对自身的理念文化、行为方式及视觉识别进行系统的革新，统一的传播，以塑造出富有个性的企业形象，以获得内外公众认可的经营战略。目前的品牌不够系统、完整，而且许多品牌已经沿用了多年，品牌形象一成不变容易造成视觉疲劳。

第三，客户关系管理。农产品的销售主要以终端消费者为主，因此对于农业企业来说，客户是非常重要的资源。所以从客户角度提升产品的影响力和美誉度，应加强同客户关系的管理，从客户方面加强品牌的认可度和信赖程度。

第四，品牌形象和文化建设。品牌的形象和文化建设与公司文化相关，因此在形象上的建设要从产品角度改进，这是一个较为长久的过程，同时也是对品牌最为重要的一点。对公司产品要严把质量关，打造优质产品的企业品牌形象；同时不断提升企业技术能力，打造技术强的品牌形象等，这需要一个长期时间去改变和提升。品牌文化从服务上体现，公司的宗旨就是让顾客满意。

第五，品牌推进方面。品牌的建设是与企业各个部门相关的，品牌的推进也需要各个部门的配合，共同建设。技术提升推进品牌建设，技术是产品提升的核心，品牌的建设最直接的媒介在于产品，品牌的竞争力在于产品的竞争力，技术是产品竞争力的重点,因此技术提升对品牌建设起到关键性作用。

(三) 推广传播

绿色生态品牌建成之后的首要任务就是品牌推广问题了,无论品牌以哪种形式产生,都离不开品牌的推广传播,离开了传播,品牌的塑造和成长几乎是不可能的。但是品牌的传播渠道对品牌的传播效果起着至关重要的作用。

常规的传播渠道包括大众传播、分众传播、群众传播和人际传播。大众传播主要是通过主流大众媒体发布信息,包括广播、电视等电子媒体,报纸、杂志等平面媒体,信息传播较为大众化、广泛化;分众传播是以产品和市场细分为基础,以获取某些特定部分人的注意力为目标,以此来传播信息,信息传播范围特定、准确,传播的侧重点与大众传播不同;群众传播是比分众传播更具针对性的品牌传播途径,是直接面向某一类鲜明目标受众的传播,是群体内部或群体之间的信息传递;人际传播是指人与人之间的直接交流和沟通,针对性强、互动性高,是获取品牌信息、形成品牌的消费态度的重要渠道。上述四种传播渠道各有千秋,在进行品牌传播时,要灵活、综合运用各种传播渠道进行组合传播。

在利用以上几种传播渠道组合传播绿色生态品牌时应注意以下几点。

第一,媒体组合应该有助于扩大品牌传播的受众总量。某一种媒体的受众群体,不可能与某一种绿色生态品牌传播的目标对象完全重合,没有被包含在某一种媒体的受众中的那部分传播对象,就需要通过其他媒体来传播,这就是许多品牌采用立体式媒体组合传播的重要原因之一。

第二,媒体组合应该有助于对品牌信息进行适当重复。品牌传播受众对于品牌信息产生印象、兴趣和购买欲望需要一定的信息展露度,而受众对某一种媒体上传播的品牌信息注意程度会在信息展露度随时间的递增而出现不同程度的降低,因此需要多种媒体之间的配合使用。

第三，媒体在周期上的配合。不同的媒体有不同的时间性，因此为提高品牌传播的效果和效益，必须注意各媒体的时机和特性，进行有效整合。

第四，媒体组合应该有助于品牌信息的互补性。不同的媒体有不同的特性，在媒体组合式考虑各媒体之间的相互搭配、相互促进和相互补充。

第五，应注意效益最大化原则。在保障各媒体传播效果最佳的基础上，对各媒体传播发表的信息规格和频次进行合理组合，以尽量节省传播费用，赢得更大的品牌传播投资效益。

（四）品牌的维护

品牌维护，是指企业针对外部环境的变化给品牌带来的影响所进行的维护品牌形象、保持品牌的市场地位和品牌价值的一系列活动的统称。品牌作为企业的重要资产，其市场竞争力和品牌的价值来之不易。但是，市场不是一成不变的，因此需要企业不断地对品牌进行维护。品牌维护对发挥企业核心价值具有重要作用，主要表现在以下4个方面。

第一，有利于巩固品牌的市场地位。企业品牌在竞争市场中的品牌知名度、品牌美誉度下降，以及销售、市场占有率降低等品牌失落现象被称为品牌老化。对于任何品牌都存在品牌老化的可能，尤其是在当今市场竞争如此激烈的情况下。因此，不断对品牌进行维护，是避免品牌老化的重要手段。

第二，有助于保存和增强品牌生命力。品牌的生命力取决于消费者的需求。如果品牌能够满足消费者不断变化的需求，那么，这个品牌就在竞争市场上具有旺盛的生命力。反之就可能出现品牌老化。因此，不断对品牌进行维护以满足市场和消费者的需求是很有必要的。

第三，有利于预防和化解危机。市场风云变幻、消费者的维权意识也在不断增高，品牌面临来自各方面的挑战。一旦企业没有预测到危机的来临,或者没有应对危机的策略,品牌就面临极大的危险,这无疑是对一个品牌的挑战。品牌维护要求品牌产品或服务的质量不断提升,可以有效地防范由内部原因造成的品牌危机,同时加强品牌的核心价值,进行理性的品牌延伸和品牌扩张,有利于降低危机发生后的波及风险。

第四,有利于抵御竞争品牌。在竞争市场中,竞争品牌的市场表现将直接影响企业的品牌价值。不断对品牌进行维护,能够在竞争市场中不断保持竞争力。同时,对于假冒品牌也会起到一定的抵御作用。

对于品牌维护的内容主要集中在品牌发展的自我维护、品牌发展的法律维护、品牌发展的经营维护3个方面。

品牌的自我维护手段主要渗透在品牌设计、注册、宣传、内部管理以及打假等各项品牌运营活动中。在品牌的设计、注册与宣传中渗透品牌的自我维护思想,这是在品牌创立阶段就应考虑的。因此,在我们所定义的品牌维护阶段,可以将品牌发展的自我维护定义为"企业自身不断完善和优化产品,以及防伪打假和品牌秘密保护措施",具体包括产品质量战略、技术创新战略、防伪打假战略与品牌秘密保护战略。

品牌的法律维护包括商标权的及时获得、驰名商标的法律保护、证明商标与原产地名称的法律保护,以及品牌受窘时的反保护。"原产地名称的法律保护"也有类似情况。而"品牌受窘时的反保护"不仅因企业和产品不同而措施各异,而且使用的法律条款繁多。因此,将法律维护定义为主要通过商标的注册和驰名商标的申请来对品牌进行保护。

品牌发展进入成熟期后,不仅要通过自我维护使产品得到不断更新以维持顾客对品牌的忠诚度,采取法律维护以确保著名品牌不受任何形式的侵犯,更应该采用经营维护手段使著名品牌作为一种资源能得到充分利用,使品牌价值不断提升。品牌的经营维护就是企业在具体的营销活动中所采取的一系列维护品牌形象、保护品牌市场地位的行动,主要包括顺应市场变化,迎合消费者需求;保护产品质量,维护品牌形象,以及品牌的再定位。

四、绿色生态品牌建设的重点

(一) 大力实施农业标准化生产,夯实农产品品牌的质量基础

要以良种保护、良种提纯和良种推广为核心,以农产品质量标准体系、安全检测体系和标准推广应用体系为重点,加快推进农业生产标准化。广泛采用国际和国内先进标准,做到农业产前、产中、产后各环节都有技术要求和操作规范。加强农产品质量安全建设,按照《农产品质量安全法》的监管要求,结合优势农产品布局,以优势主导产业为重点,建成布局合理、职能明确、专业齐全、功能完善、运行高效的农产品质量安全检测体系。一是建立和完善农业标准化基地建设,为农业品牌提供质量保障。二是加快农产品质量安全追溯体系建设,按照农产品生产有记录、信息可查询、流向可跟踪、责任可追究、产品可召回、质量有保障的总体要求,应用现代二维码、射频码等信息技术将农产品生产、运输流通、加工的各个节点信息互联互通,实现对农产品从生产到餐桌的全程质量管控。

(二) 着力推进农业产业化经营,培育农产品品牌主体

以资产为纽带积极培育一批农产品加工、流通的产业集团。鼓励龙头企业通过兼并、重组、参股、联合等方式,促进要素流动和资源整合,与上下游中小微企业建立产业联盟,与农民合作社、家庭农场、种养大户和农户结成利益共同体,创建一批农产品加工示范企业和示范单位。积极争取财税金融政策。推动企业与资本市场对接,加强上市融资服务和指导培训,与金融机构沟通协调,支持企业进行技术装备改造和产业升级。

实施质量立企、品牌强企战略。支持引导企业建立检测检验、质量标准和全程质量可追溯体系,将质量和信誉凝结成知名品牌。通过与金融机构对接进一步扩大融资的规模,支持农业产业化企业做大、做强。

(三) 鼓励支持农产品商标注册,促进农产品品牌包装上市

要引导龙头企业、农民合作社等生产经营主体增强商标意识,鼓励、支持其积极开展农产品商标和地理标志证明商标、集体商标的注册,促进品牌农产品包装上市,促进农产品的品牌销售。各级部门都要设立品牌奖励资金,对各类农业经营主体申报成功的给予奖励。

(四) 扎实开展农产品"三品一标"认证,提高农产品品牌的影响力

要按照"统一规范、简便快捷"的原则,把开展无公害农产品、绿色食品、有机食品和农产品地理标志认证作为农产品品牌培育的基础性工作,根据国内外通行规则和市场需求,提高认证科技手段,缩短认证时间,降低认证成本,依托优势农业产业和特色农产品,逐步普及农产品认证,培育众多的绿色、有机农产品。

(五) 加大营销宣传力度,提高品牌农产品市场占有率

品牌是培育出来的,品牌也是推介出来的。各地要善于做品牌推介工作,采取"两手抓,两手硬"的办法推介农产品品牌。一手抓传统媒体的推介,努力在广播、电视、报纸、户外、高速、高铁等传统媒体上不间断、全覆盖推广本地、本企业的农产品品牌;另一手抓网络等新媒体推介,根据网络特点,针对网络受众,运用网络语言,大力做好网络推介。尤其是要针对微博、微信特点,开发微广告,争取微用户,扩大微影响。

(六) 自觉维护品牌形象,确保农产品品牌健康发展

要加强品牌保护,努力维护品牌的质量信誉,保障农产品品牌健康发展，对恪守信用者要予以宣传表彰。品牌主体要强化自律意识，切实加强品牌质量保证与诚信体系建设，形成崇尚品牌、尊重品牌、维护品牌的良好氛围，自觉抵制傍名牌、仿品牌和假冒品牌的恶劣行为，为品牌的健康发展营造良好环境。

（七）抓好农产品品牌整合工作，打造国家知名品牌

品牌整合要坚持以"政府引导、企业主体、市场运作、产业支撑"的原则，加强同区域同类别的品牌整合。着力打造区域公用品牌，以品牌为载体，将分散的千家万户联合成一个利益共同体。从整合品牌入手，放大知名产品明星效应，对已经具有一定知名度的农产品品牌，大做文章，做大文章，努力把它们打造成国家知名品牌。

（八）大力发展农产品电子商务，着力做好农产品品牌网络推介

鼓励龙头企业、农民合作社等新型经营主体，加快发展农产品电子商务，广建电商平台，广辟网络渠道，并借助淘宝、京东、微商城等各类电商平台和网络渠道，突出做好品牌宣传。要抓住农产品电子商务刚刚兴起，大家基本处在同一起跑线的良机，引进和培养专业的网络品牌打造和推广人才，帮助龙头企业、农民合作社等新型经营主体勇于、善于在网络做好品牌策划、品牌定位、品牌文化、品牌营销等工作，积极主动争取和稳固网络消费者，使农产品品牌在网络领域抢占先机。

第四章 减量化生产资料的农业循环技术

生产的最基本职能就是生产出社会必需的消费品,在这一过程中不可避免地要消耗原材料和能源。减量化原则又称为减物质化原则,该原则要求在经济运行的输入端最大限度地减少对不可再生资源的开采和利用,尽可能多地开发利用替代性的可再生资源,减少进入生产和消费过程的物质流和能源流。传统的经济增长是通过对原材料和资源的大量消耗而实现的,但由于对自然资源的毫无节制的开采、滥用,导致原本有限的自然资源日益枯竭、生态环境持续恶化。在发展循环经济的过程中,科技创新的重要意义在于实现资源代换。

第一节 减少化肥、农药及其他农用资料使用

一、减少农用资料过量投入的紧迫性

我国农业生产中过量使用化肥、农药和其他农用资料相当普遍,大量使用化肥、农药和其他农用资料不仅造成自然资源、人力资源和财力资源的浪费,而且也对农业生态系统外输出污染,已成为环境污染的重要原因之一。

(一) 当前我国农用资料使用中存在的问题

(1) 长期滥施或者偏施化肥。长期以来,我国农产品产量的增长过分依赖化肥的投入,形成了以化肥投入为主的单一投入结构。目前,中国化肥施用量占世界总量的1/3,成为世界上化肥消费第一的大国。中国农业科学院调查显示,全国已有17

个省氮肥平均施用量超过国际公认的上限 225 千克/公顷。也由此产生五个问题：一是大量投入化肥，导致投入的边际效益降低，生产成本上升；二是土壤板结，地力下降；三是化肥利用率低（只有 35%左右），大量的 N、P、K 营养元素流失，进入地下水造成硝酸盐含量过高，进入地表水则造成水体富营养化；四是过量施肥不仅降低了我国农产品的国际竞争力，而且增加了农产品的生产成本，降低了农民的收益（农田净收益减少 10%~30%）；五是大量消耗化肥的背后是大量能源和矿产资源的消耗，因为化肥生产主要是以煤炭、天然气和磷矿石等为能源与原料。

（2）农药的过量使用。近 10 年来，我国农药使用量每年稳定在 23 万吨左右（有效成分），各种制剂实物量（包括有效成分和各种辅剂）约 120 万吨，已注册登记使用的农药品种有 600 多种，并且在使用的农药中主要以杀虫剂为主（约占 70%），其中高毒性有机磷农药约 70%。由于我国广大农村居民对农作物科学用药量和操作知识的缺乏，往往导致农药过量使用。据估计，我国在水稻生产中农药过量使用约占 40%，在棉花生产中过量使用约占 50%。农药的过量使用不仅污染了水体、土壤及大气环境等，而且导致农产品有害残留物超标，严重影响了农产品的经济效益，如食用价值降低、出口受阻等。

（3）地膜覆盖回收率低。地膜覆盖能提高农作物的产量，但是由于土壤中平均地膜残存率为 20%，残留的地膜降低了土壤的渗透功能，减少了土壤的含水量，降低了耕地的抗旱能力，因此给农业生产和生态环境带来了不利影响。据科学预测，在不久的将来，城市和工业垃圾导致的点源污染对水质污染和环境的影响将逐渐减少，而由规模化养殖业导致的点源污染和作物种植导致的面源污染，将成为水质污染和环境污染的主要原因。

(二) 农用资料过量使用的后果

(1) 导致对土壤的污染。化学肥料一般是无机盐类，具有易溶于水的特点，因此大多是速效成分，其中氮素化肥比磷素化肥、钾素化肥更易损失。化肥的大量施用，不仅影响肥效的发挥，而且土壤中的氮、磷、钾和微量元素比例失调，土地板结、地力下降，还造成严重浪费，我国60%以上的化肥未被植物吸收就流失了，造成水体富营养化。化肥的长期大量和不合理使用会导致土壤理化性质变劣，也会造成土壤的重金属污染，破坏土壤结构，土壤污染后毒害作物。农药使用不当、任意加大药量、滥施乱用都会造成土壤污染，损害土壤的生产功能、调节功能、自净能力和载体功能。地膜的使用在推动现代农业发展的同时，也导致了土壤白色污染问题，即残膜污染，严重改变土壤物理性质，影响土壤的通透性，阻碍农作物根系吸收水分及根系生长，导致农作物减产。

(2) 导致对水体的污染。化肥的超量或不合理使用也会造成对水体的污染，使水体质量严重恶化，其主要后果是水体的富营养化。其中还有一些致癌物质，威胁人体健康。化学农药对水体的污染，主要通过使用化学农药时散落在田间的农药经雨水或灌溉水的冲刷，流入河道、湖泊以至海洋等水体，造成污染。另外，农药厂直接排放的未经处理的废水，或经常在河边、池塘洗刷农药的容器和施药工具等，都会造成对水体的农药污染。

(3) 导致对大气的污染。化肥中氮的逸失、硝态氮在通气不良的情况下进行反硝化作用生成的气态氮（NO、NO_2）逸入大气，都会造成污染。大多数化学农药有挥发性成分，喷洒时逸散到空气中，会造成大气污染。

(4) 导致对农作物质量的影响。化肥中的某些元素对农作物有毒害作用，会使农作物中毒，影响农作物的产量和质量，进而影响人畜健康。连续大量使用化学农药，一是造成粮油、果蔬产品的直接污染,增加了农副产品中农药的残留量;二是造成间接污染,主要是通过食物链污染畜禽及其产品,而这些被污染的畜禽及其产品被人们食用后,会严重影响人体健康。

(5)导致对生物多样性与生态平衡的影响。化学农药的使用,在杀死害虫的同时,也杀死了害虫的天敌和其他益虫、益鸟等非标靶生物,对昆虫、禽鸟、水生动物的生态系统产生影响。再者,长期使用化学农药,害虫、病菌都会产生一定的抗药性,导致使用农药次数和药量的增加,从而加重了对环境的污染,破坏了天然生态系统的平衡。

二、减少化肥使用的发展模式

近40年来,世界化肥施用量增加了15倍,而粮食产量仅增加了3~4倍,这意味着施用化肥的自然成本愈来愈高。据保守估计,如果我国肥料利用率提高10%,以我国现有化肥消费水平计算,每年可节约化肥成本100亿元以上。因此,减少我国肥料使用量、提高肥料利用率既可以降低生产成本,又可以治理土壤污染、水体污染、大气污染,确保农产品的安全和广大人民群众的身体健康和生命安全。具体发展模式如下。

(一)增加农家有机肥施用量

增加农家有机肥施用量,以有机肥替代化肥,充分利用农家有机肥源,改进有机肥保管施用方法。对于粪厩肥,可以结合现实情况,合理利用。如粪坑加盖、粪水中添加过磷酸钙等都是有效的措施。对于秸秆,要解决合理利用问题。要利用机械收割迅速发展的有利时机,从机械方面、施肥技术方面、栽培措施方面解决机械还田的实际问题,促进机械还田的发展,发展食草畜禽增加秸秆的饲料用量,也有利于增加秸秆回归农田的份额;适当结合发展畜牧业,扩大绿肥、牧草种植是增加有机肥的重要措施。要充分利用冬季闲田,扩大种植绿肥、牧草,从政策、品种、栽培技术、绿肥和牧草利用方法等方面解决发展的实际问题，促进其发展。

（二）加快研发新型化肥和新型控释肥料

加强研制和生产对环境温和的新型肥料和新型控释肥料，减轻环境污染，提高肥料利用率。以新型控释肥料为例，随着时代进步和科技发展，人们发现化学肥料可以经过加工制成养分缓慢释放的肥料，控释肥料（CRF）和缓释肥料（SRF）已成为提高化肥利用率的重要手段之一，也是世界肥料再加工技术的发展趋势。该技术的肥料除了可直接作为肥料施用外，还可以作为生产掺混肥（BB 肥）的原料，与通用肥料配合成具有长效、速效、缓效多功能的农用肥料，发展前景广阔。欧洲标准委员会对缓释肥料定义如下，即肥料中养分在 25℃ 下能满足下列 3 个条件则可称为缓释肥料：①24 小时释放率不大于 15%；②28 天释放率不超过 75%；③在规定的时间内至少有 75% 被释放。

控释、缓释肥的主要种类和制作方法有以下 4 种。

（1）有机氮化合物。尿素与醛类的缩合是当今常用制备方法，其中脲甲醛（UF）是最常见的作为缓释氮肥的有机氮化合物，目前仍是世界范围内 CFR 和 SRF 占比例最大的一类，其产品是由分子量不等的二聚体和低聚体组成的混合物，含氮量一般为 37%~40%，链越长则氮的释放就越慢。此外，还有几种较好的产品：异丁叉二脲（IBDU），含氮量 31%，大多数可溶于水，氮的释放率主要是由于化学分解作用引起的，因此取决于颗粒大小和土壤中水的含量；丁烯酰环脲（CDU），是在酸催化下尿素与乙醛的反应产物，为环状结构，含氮约 30%，在水解和生物降解作用下释放氮，释放率与颗粒大小、土壤温度、水分含量和 pH 值有关。

（2）包裹法。指用某种物质将养分包裹起来，再通过这种包裹物质的某种特性将养分释放出来的方法。这种肥料又分包裹型和包膜型两类。包裹型肥料的包裹物质多为低分子有机或无机化合物，依靠渗透性涂层，水分可从包裹物中的裂隙或微孔中进入，溶解包裹在核心的肥料，并使之从孔缝中释放出来。该类肥料对于养分释放速率影响因素太多，尚难达到控释要求。

（3）包膜法。依靠渗透性涂层，通过摩擦、化学或生物作用打开这种涂层后释放可溶性肥料，按包膜粒径的大小可分为宏包膜和微包膜。宏包膜是指通过包膜物质包裹肥料，并形成毫米级颗粒，如涂硫尿素（SCU）、醇酸类树脂包膜肥料、聚胺酯类树脂包膜肥料、热固性树脂包膜肥料、天然多糖及其衍生物包膜肥料等。微包膜是通过包膜物质包裹肥料，并形成微米级的颗粒，主要通过膜的渗透和降解来达到缓释目的，其控释效果优于宏包膜，这是今后发展的方向。宏包膜与微包膜只是相对概念，无绝对分界线。

（4）载体法。即选择高分子材料为载体包裹或吸收肥料养分成为供肥体系，随着纳米技术及材料的发展，将其应用于控释肥料已有初步的研究成果，如在普通碳酸氢铵生产中添加纳米材料（DCD）形成共结晶体的改性碳酸氢铵，以实现长效功能等。

另外，在包涂材料时可按农作物和土壤养分要求增补中、微量元素，以达到较为理想的效果。

（三）采用掺混肥提高化肥利用率

通过对施肥技术和方法的改进，大力推行配方施肥、测土施肥等新方法，推广精准施肥等新技术。将微量元素及有机肥混合配方使用，同时结合其他方法，提高利用率，减少肥料损失，改善土壤成分、提高农作物产量。掺混肥是指含有两种或两种以上的颗粒单质肥料或复合肥料的机械混合物，是在化肥生产、销售和农业生产基础达到较高水平后才得以实现的产肥、用肥方式，具有生产工艺简单、操作灵活、生产成本低、基本无污染并可因地制宜发展等特点。掺混肥的生产要点是如何获得养分分布均匀，养分比例和形态符合当地土壤、作物、耕作史、气候等的农化要求。合格的颗粒基础肥料及化学性能是掺混肥的基础。随着农业生产机械化程度及科学施肥水平的提高，单一养分肥料直接施用量逐步减少，大部分被加工成复混肥料使用。农民已逐渐改变传统的施肥习惯，对优质高浓度复混肥料的需求量不断增加，并且要求复混肥料为一次性基施肥料。开发缓释肥料与速效肥相配合的掺混肥，即常规的N、P、K三元复混肥与缓释氮肥掺混施用。

（四）采用综合配套技术减少肥料用量

比如江苏省宜兴市试点实施的"太湖农业面源污染控制"综合配套技术成效明显，在通过滴灌施肥技术降低氮肥用量2/3的情况下，仍可提高作物产量30%，并且地下水硝态氮含量降低了60%。同时，通过改造农田排水系统，建设生态型沟渠，在沟渠里种植鱼草、空心菜、水芹等植物既可有效吸收农田排水中的氮、磷等影响水质的物质又可用于水产养殖和蔬菜种植。

三、减少农药使用的发展模式

农药是重要的农业生产资料，对一些病虫草害来说，化学防治迄今仍是最为有效的防治方法。据联合国粮农组织调查，如果不使用农药，全世界粮食总收成的一半左右将会被各种病、虫、草、鼠害所吞噬。21世纪农药在可持续农业发展的有害生物治理中仍将起重要作用。我国是农业有害生物灾害较为严重的国家。据统计，我国每年使用农药防治病、虫、草、鼠害挽回粮食损失350多亿千克，棉花3 000万千克，水果52亿千克，挽回损失600多亿元。由此可见，农药的使用在农业生产中发挥了巨大的优势作用。除此之外，农药还具有以下特点：一是适应面广，几乎大部分种类的农业有害生物都可防治。二是操作简单，一般借助喷雾器，群众容易掌握使用，省工、省时。三是作用快速，一般施用农药几天内即可见效。四是成本低，经济效益显著，农药喷洒后，一般都能达到农业有害生物种群不再危害的程度。有的药剂施用 1 次，即可解决农作物 1 个生长季节的某些种类有害生物。五是可以应急，特别是当某些有害生物爆发时，农药防治是唯一可以选择的有效措施，如蝗虫、稻飞虱的防治。即使是在农业科技较为发达的国家，农药的使用也不可能完全由农业防治、物理防治、生物防治、基因工程防治等其他植保措施所取代。但是高毒、高残留农药和过量使用农药对人体危害很大，还严重制约着我国农产品的出口，因此，在条件许可的情况下应大力发展减少农药使用量的农业生产模式。

（一）使用生物防治技术

大力推广综合防治、生物防治办法，通过生物措施防治农业病虫害，如运用生态良性循环办法来吸引和繁殖各种鸟类，引进与保护害虫的天敌，利用害虫的天敌减少农药使用量，改善农业环境质量。其他生物防治技术还包括：选用抗病和抗虫品种、合理轮作等。

（二）使用绿色农药

为避免农药对环境的污染和人畜的危害，必须研制开发对环境温和的绿色农药。开发高效低毒、低残留的农药，开发生物农药取代化学农药，强调对有害生物的生物治理。生物农药是具有杀虫、杀菌能力的生物活性物质，如杀害虫的苏云金杆菌毒蛋白和活生物制剂等。生物农药具有简便、有效、对生态和环境安全等优点。还可以大力发展沼气，用沼液代替农药。农业技术推广部门要大力推广"高效、低毒、低残留"的农药，积极开发应用生物农药，尽快淘汰高毒高残留农药在农业生产上的使用。农药生产企业要加强无公害农药或基本无公害的化学农药的研制，使农药使用向"安全、高效、经济、环保"的方向发展。

(三) 采取科学用药

发挥植保系统的优势,引导农民科学用药。农业行政主管部门要有计划、有步骤地利用广播、电视、报刊、现场示范等多种形式,搞好技术培训,向广大农民群众广泛宣传《农药安全使用规定》《农药合理使用准则》的重要性和必要性,普及农药安全使用知识,大力提高农药使用者的安全用药意识,让广大农民群众自觉做到有计划地轮换使用安全、高效、经济的农药,确保农产品中农药残留量不超过国家规定的最高残留量,环境污染不超标。科学使用是在掌握农药性能的基础上,合理用药,充分发挥其药效作用,防止有害生物产生抗药性,提高防治效果,并保证对人、畜、植物及其他有益生物的安全,提高经济、社会和生态效益。科学使用农药的具体措施如下。

(1) 针对防治对象对症下药。农药的种类很多,由于性能不同,都有各自的防治对象。一般来说,杀虫剂只能杀虫而不能防治病害,杀菌剂只能防治病害而不能杀虫,除草剂用来消灭杂草,而不能防治病虫。如抗蚜威只能用来防治蚜虫及部分害虫,三环唑只能用来防治稻瘟病。根据病虫发生的特征,选用适当的农药,是科学使用农药的关键。如防治地下害虫地老虎用毒饵、毒土或拌种的方法最恰当,而用喷雾法则效果不显著;在防治稻飞虱时要先将水稻3~4行分成一厢,并露出较宽的行间;在用大功臣或叶蝉散喷雾时,喷施水稻的中下部才能达到防治效果,如果将药剂喷到水稻的上部则不能达到防治效果,同时还耗费了人力和财力。因此,我们在开展防治工作时首先要了解农药的有效防治对象及其特性,做到对症下药,才能充分发挥农药的作用,收到事半功倍的效果。

(2) 抓住关键时期,适时施药。应根据病虫害的发生规律和发生时期适时施药,这样,一方面可以提高药效,另一方面可以降低用药成本和劳动强度。适时施药是减少农药使用量的关键。要做到适时施药,必须了解病虫草害的发生规律,做好预测预报工作。通常在病虫草害发生的初期施药,防治效果较为理想,因为这时病、虫、草发生量少,自然抵抗力弱,药剂容易将其杀死,有利于控制其蔓延危害。如稻纵卷叶螟要在三龄以前进行防治。一般防治病虫害应选择在晴天(阴天全天可施药)的上午 8—11 时,下午 4 时以后进行最好,因为这时农作物上的露水已开始晒干,正是害虫活动最旺盛的时候。16 时以后日照减弱,是大量夜出性害虫开始活动的时间,有利于提高防治效果。在这段时间内防治,施药时间不长,温度不高,农药不易挥发、分解,也可减少施药人员中毒事故的发生。在施用农药时,要采取个人防护措施,并注意个人卫生。施过农药的田间,应设置标记,防止人畜进入造成中毒事故。同时严把安全间隔期,保证农产品安全。

(3)合理混配农药,提高防治效果。在植保工作中,人们往往需要同时防治多种病虫,或者需要病虫草同时兼治,如果分别使用农药,增大工作量,防治成本也高。因此,人们把两种或两种以上对生物具有不同作用的农药混合在一起使用,同时兼治几种病虫草害,这就是农药的混合使用。农药混合使用的好处很多,主要是能够扩大防治范围,延缓病虫抗药性的产生,提高防治效果。如杀草丹与扑草净混合施用可防除多种水稻杂草。农药的混用还能简化程序,节省劳力,有利于及时抓住防治时机,并能降低对人畜的毒性,减少对环境的污染,但一般农药不能与碱性农药混合施用。

(4)合理轮换使用农药,严格控制使用浓度。由于农药在使用过程中不可避免地要产生抗药性,特别是在一个地区长期单一施用某一种农药产品时,将加速抗药性的产生,因此在使用农药时应合理轮换使用不同种类的农药以减缓抗药性的产生。在农药使用过程中,必须严格按照《农药合理使用准则》的规定,不可随意加大用药浓度,进行大面积、全覆盖式施用,以防过量的农药造成对农田、水域、地下水的污染,更要避免因大量杀伤天敌而严重破坏生态平衡。同时，应研究推广先进的喷雾器械，改变我国广大农村喷药器械"跑、冒、滴、漏"的现象，应用高效、新型施药器械防治农作物病虫害，是发展绿色农业的重要环节，利用先进的喷雾器，既能提高防治效果，又能降低农药使用成本，提高农药的利用率。

（5）贯彻"预防为主，综合防治"的植保方针。在抓好预测预报工作的基础上，积极采取行之有效的农业、生物、物理、植物检疫等防治措施。积极组织推广安全、高效农药，开展培训活动，提高农民施用技术水平，并做好病虫害预测预报工作。规范农药使用行为，减少农药用量，降低农药残留，提高农产品品质，增强农产品市场竞争力。

四、减少其他农用资料使用的发展模式

农业生产是在一定的自然条件下，投入必要的种子、肥料、饲料等生产要素，经过动植物转化生产农产品，满足人们生活需要的一种自然再生产和经济再生产过程，减少其他农用资料使用的发展模式具体有以下几类。

（1）减少农用塑料薄膜的使用。种植一些经济作物，如棉花、蔬菜时，大力推广塑料薄膜的使用，这是一种好的栽培方式，但同时也造成了农田"白色污染"。要有效改善这种状况，一是通过更好的栽培技术减少塑料薄膜的使用；二是如果大量使用了塑料薄膜，要通过专门技术有效地回收和处理；三是使用可降解环保型的地膜。由于塑料地膜会造成严重的污染和资源浪费，因此，应加大可降解地膜研究开发的力度，同时采取切实可行的措施，提高地膜的回收利用率。

（2）减少种子投入。农民种一亩小麦一般要15千克种子，而科学用种只需10千克，每千克种子2元多，每亩地可节约10元以上。安徽省东至县龙泉镇推广水稻旱育稀植和抛秧技术，经试验，每亩可节约早稻种6千克，节约杂交晚稻种1.5千克，

每亩可节约种费27元。采用先进的技术设备和科学的方法做到精确播种，精准收获。既可以节约大量的优质种子，又使作物在田间获得最佳分布，提高复种指数，提高对光、水、肥的利用率。在农作物收获时，做到适时收割，减少农作物损失，挽回的不仅仅是损失的粮食，还有为生产这些粮食而耗费的水、肥以及劳动力。

(3) 农业机械生产减量化。在生产中，科学合理的设计是循环经济的首要环节。制造商可以通过减少每个农机产品的物质使用量、通过重新设计制造工艺来节约资源和减少排放。在产品设计中，尽量采用标准设计，使一些装备不断升级换代，而不必整机报废，使产品在生命周期结束后，也易于拆卸和综合利用；尽量使之不产生或少产生对人体健康和环境的危害。

第二节　节约土地、水及其他生产要素使用的发展模式

土地、水及其他生产要素是农业生产中最基本的物质基础。

一、节约生产要素使用的紧迫性

(一) 节约土地使用的紧迫性

土地是农业生产中最基本的生产要素，也是农业循环经济发展的基础。首先耕地是农产品的主要来源地，目前我国居民生命所需的80%以上的热量、75%以上的蛋白质、88%的食物来自耕地，90%以上的肉蛋奶也是由耕地生产的农副产品转化而来的。其次耕地是轻工业原料的主要来源地。我国轻工业产值约占工业总产值的一半，而以种植业为原料的食品、饮料、棉纺、饲料、烟草等行业的产值又占轻工业总产值的50%左右。然而，我国人多地少，人均耕地仅为0.11公顷，且仍在持续减

少。据调查，1953—1988年的36年间，我国耕地净减少0.12亿公顷，1986—1996年的10年间，村镇建设、基础设施、重大项目、农村居民建设以及产业结构调整共减少耕地0.097亿公顷，平均每年净减少耕地50万公顷。目前，全国人均耕地不到0.067公顷（1亩）的有7个省（区、市），其中666个县人均耕地低于FAO确定的0.045公顷的警戒线。据有关研究表明，为保证我国粮食生产目标，即使考虑人均400千克的较低水平消费量，我国耕地缺口仍在1 000万公顷以上。如果考虑到人均消费水平的提高，则我国耕地缺口将进一步扩大。显然耕地紧缺已成为我国农业可持续发展中的一个长期性、根本性的制约因素，必须大力发展节约土地的农业生产模式。

（二）节约水资源的紧迫性

从水资源来看，我国既是水资源总量大国，又是水资源人均占有量贫国，人均水资源占有量仅为世界平均水平的1/4，是世界13个贫水国之一。我国不仅淡水资源总量不足，且分配不均，北方地区水资源缺乏尤为明显。在我国水资源利用中，农业是用水大户，占总用水量的70.4%，农业灌溉用水又是农业的主要用水对象，其比例一直保持在农业用水量的90%以上。全国2/3以上的农产品由灌溉地生产，农田季节性、地区性干旱突出。由于地下水超采，区域地下水漏斗面积相当大，随着水资源向非农业转移，农业缺水日益严重，每年农业用水缺300亿立方米，粮食减产700亿~800亿千克。但是，我国大部分农业生产方式仍停留在粗放式经营模式上，农业灌溉水有效利用系数全国平均为0.45，渠系利用系数只有0.4~0.6，约有一半的水被浪费，从而导致水资源更加紧张。同时，由于水污染的加剧，不少富水地区已成为结构性缺水地区。

二、节约土地的发展模式

对土地资源，要坚决贯彻保护耕地的基本国策。加强耕地特别是基本农田的保护力度。要贯彻"管住总量、严控增量、盘活存量、集约高效"的原则，落实国家对土地供应的指令性计划，从严从紧、有保有压、加强建设用地的管理。要严格执行土地使用标准，严格限制高耗能、高耗水、高污染和浪费资源的建设项目用地。要做好城镇存量土地的调查，及时总结各地经验，不断完善政策法规，推进城乡建设用地的整理，促进节约用地。要认真抓好新一轮土地利用总体规划的修编不断调整和优化土地利用结构，统筹安排农业、非农业及生态用地。具体来说，有如下两个方面。

（一）推广高产作物

农业上的高产优质，从用地意义上说就是减量化。比如，普通水稻亩产500千克，而超级水稻亩产可达800~1 000千克；常规玉米亩产500千克，优良品种亩产可达1 000千克。生产同样重量的水稻或玉米，如使用良种，土地面积则可大大减少。又如，广西壮族自治区（全书简称广西）的贵糖集团过去的原料片蔗是老品种，产量低，每亩产甘蔗3.5~4吨，含糖量只有10%~12%；而引进的优良品种新台糖22号亩产量为8~10吨，含糖量达15%左右。一亩优良甘蔗品种的产糖量，相当于老品种2~3亩的产糖量，生产同样产量的糖就可大大减少种植面积。

（二）发展立体种养

发展立体种、养技术也是节约土地资源的有效途径。立体种、养技术能够充分利用土地资源和耕地资源。如林粮、果粮、粮菜、果菜的间作、混作和套作等形式的多元立体种植；池塘混养、稻田养鱼（稻鱼立体共生）等立体种养技术。

（三）发展非耕地的有机生态无土栽培

无土栽培是指不用天然土壤，而使用基质。不用传统的营养液灌溉植物根系，而使用有机固态肥并直接用清水灌溉作物的一种栽培技术。有机生态型无土栽培技术，除具有一般无土栽培的特点，如提高作物产量和品质、减少农药使用、产品洁净卫生、节水节肥省工、利用非耕地生产蔬菜等外，还具有如下特点：一是有机固态肥取代传统的营养液。传统无土栽培是以各种化肥制成一定的营养液。二是有机生态无土栽培是以各种有机肥或无机肥的固体形态直接混施于基质中。三是操作管理简单。四是大幅度降低了土地栽培设施系统的一次性投资。五是大量节省生产费用。六是对环境无污染。传统无土栽培因其排出液中盐浓度过高而污染环境。七是可达"绿色食品"施肥标准。总之，有机生态型无土栽培具有投资省、成本低、用工少、易操作和高产优质的显著特点，它把有机农业导入无土栽培，是一种有机与无机农业相结合的高效益低成本的简易无土栽培。

（四）节约建设用地

由于缺乏发展规划，农民在建房时一般存在很大的随意性，随意选址、任意扩大宅基地现象比较普遍。这种分散的布局不仅不利于村镇进行统一的街道、管线、绿化和公共文化服务设施的配套建设，而且还造成严重的土地资源的浪费。因此农村地区修建住宅、养殖场、乡镇企业、马路等基础设施时，都应注意节约用地、集约用地，大力发展节能省地型建筑。

三、节约水资源的发展模式

农业用水受季节、气候的影响比较大，灌溉用水主要集中在春、夏、秋三季，而污水处理厂的出水是比较均匀的，这就要求有适当的存储冬季污水厂出水的用地，或者在冬季的时候供给农业用水的管道关闭检修，将水量转移到其他的用途当中，以达到最大限度地节水目的。要大力发展节水农业，推广先进实用的节水技术，即使是水多地区也要注意节约用水，应认识到少用水就是少污染。

（一）种植耐旱作物

农业特别是水稻，是高耗水产业。我们应通过改革种养技术，推广水产陆基养殖方式和耐旱作物种植，节约水资源。选择耐旱作物品种，从根本上减少农业用水。在建立高效节水作物种植结构的基础上，着重研究和开发各类节水抗旱优质高产作物品种。旱作农业要从整地改土入手，以蓄水保墒提高降水利用率为目标，重点推广抗旱品种及其配套技术、生物覆盖技术、少耕免耕保墒综合耕作和过腹还田技术。

（二）加强高标准旱作基本农田建设

根据旱区低产易旱耕地和坡耕地现状，分别采取坡改梯生土熟化、蓄水窖池配置、生物篱埂配置、深松改土和生物有机肥技术、田间防护林带等措施。建设高标准旱作基本农田，旱平地地面坡地小于5°，耕层土壤达到25厘米以上，耕作土体厚度达到50厘米以上，以增强抗旱蓄水能力，提高集约经营水平，确保粮食供给稳定，促进退耕还林还草和农业结构调整。同时加强旱区集雨节灌补水工程建设，主要包括地下窖窑蓄积雨水、地表蓄水池、旱地保水设施、低压输水管灌、微喷灌、滴灌、渗灌等。因地制宜，重点构建蓄积雨水设施和旱地保水设施，配置成套节灌设备、灌溉施肥及用药器械等。

（三）推广高效灌溉工程建设

根据我国的实际情况，开发新水源用于农业生产可能性很小，现实可行的办法就是提高水的有效利用率。推广高效灌溉工程建设，要按照因地制宜、高效实用的原则。平川区：可以大力推广喷灌、滴灌、渗灌、地膜下灌溉和渠道防渗等多种形式的节水灌溉技术。山区可以大力推广各种小型的集雨集流节水工程和小泉小水工程，同时结合流域水土保持工程，使既无地表水又无地下水的山区，通过调节储蓄天然降水的办法，解决水资源时空错位的问题。也可以通过设计节水灌溉自动化控制系统，通过系统在农业循环经济中的应用，充分提高灌溉水的利用率，实现节水灌溉的现代化和管理的科学化，大大减少灌水时的劳动强度，节约大量的劳动力和能源，节省运行费用，同时有利于作物生长，提高作物的产量和质量。在灌区骨干工程完成的基础上，进行田间节水配套工程建设，实施土地平整、大畦改小畦、灌水格田修建、深耕与深松、增加土壤耕层厚度和有效土层厚度等措施，提高灌区土壤蓄水能力。提高灌溉均匀度，在灌溉保证率提高的前提下，提高自然降水利用率，改进地面灌溉。

（四）普及非工程性抗旱节水技术

根据灌区和旱区不同自然条件和作物品种，充分运用有利于提高降水和灌溉水转化效率的农艺管理技术，采取有机培肥、生物覆盖、地膜覆盖、保护性耕作（免耕、少耕等）、沟垄种植、行走式节水灌溉技术、种植结构、抗旱新品种、抗旱保水剂、土壤改良剂、蒸腾抑制剂、抗旱种衣剂等农艺节水技术，进行合理的组装配套，实施土肥水种一体化调控，可减少土壤表层蒸发损失50%，减少灌溉次数和灌溉定额，可使灌溉水的生产效率提高20%，保证粮食产出和产品质量。

以研发抗旱保水肥为例。保水肥是将保水剂与肥料相结合，保水剂由于自身特殊的化学结构能大量吸收水分（可达自身质量的千百倍），所吸收的水分在外界压力下不渗透，具有保水功能，形成的胶囊能成为植物生长的"微型水库在作物生长过程中既提供水分又提供养分，使宝贵的水资源得到充分利用，减少抗旱劳作，以提高旱作农业的生产效率。保水剂在国外发达国家农业生产中的应用已相当广泛，我国尚处于起步阶段，离实际需求差距甚大。

抗旱保水肥生产技术的研究与开发属于多学科交叉领域，如农学、土壤学、高分子化学、肥料加工技术等。该技术的特点是将具有高吸水性、高保水性、高耐盐性及耐酸碱性的树脂与肥料结合，通过大量的实验室研究、结构表征、扩大试验、工程放大，确定合适的制造技术和工艺条件。其产品具有的特点：能够向作物有效提供满足其生长所需的养分，能够有效吸收自然水（地表水、雨水等）并具有较强的保水性能，在干旱条件下有效释放自由水，延缓作物因干旱少雨而带来的凋萎期；对作物的生长无毒害，对作物的品质无不良影响，对环境无污染；能取得一定的经济效益。

（五）推广灌溉制度化管理

在灌溉保证率达到80%以上的灌区，建立土壤墒情监测体系。应用计算机信息技术、先进快速的测试方法和数据处理集成技术，进行目标管理和决策，实行视墒情灌溉和湿润层控制灌溉。同时依托农民专业协会等农村组织，建立节水管理信息网，探索在当前联产承包责任制下，农民种植分散的条件下的节水灌溉管理系统。

通过加强土壤墒情监测技术与种植信息网络建设，提高土壤墒情的动态监测预警预报能力和工作时效，为发展节水农业提供科学依据，为水资源的统一管理，逐步推行灌溉用水限额定价创造条件。

四、节约其他生产要素使用的发展模式

节约饲料用粮，有利于保障我国粮食安全。牛羊等反刍家畜是复胃动物，能利用瘤胃中的微生物消化秸秆中的纤维素，作为能量饲料可节约大量的粮食。同时，利用反刍动物的消化特点，在秸秆饲料中也可添加一定量的尿素，通过瘤胃中的微生物将无机氮转化为蛋白质，可降低生产成本。在我国人口与耕地资源矛盾日趋紧张的情况下，利用农作物秸秆发展草食畜牧业，既可节约粮食，又可增加食物的供应，对于保障我国的粮食安全、食物安全具有重要作用。到目前为止，我国通过青

贮氨化措施等利用的作物秸秆已达 20 500 万吨，节约饲料粮 4 450 万吨。如果扩大利用 2 亿吨，大约可再节约饲料粮 1 000 万吨，相当于增产等量的粮食。

第三节 节电、节油及其他节约使用能源的发展模式

一、节约电力和燃料的发展模式

大力推广各种先进的节电技术、设备、产品、工艺和科学的管理方法，节约广大农村的生产和生活用电。以畜牧养殖业为例，畜禽粪便未能有效利用，对外输出污染。畜禽养殖过程中产生大量的粪便、尿液和畜禽舍冲洗污水（统称粪污）。目前畜禽粪污主要是作肥料直接使用，用于沼气原料的还比较少。随着畜牧业生产方式逐步转向规模化、小区化集中饲养，粪污也相对集中在规模化养殖区域，可开展沼气发电，也可使用沼气作为燃料。由于管理不善和未进行有效的无害化处理，产生了以下不良后果：一是造成了对地下水和地表水的污染；二是夏季高温季节自然发酵产生臭气，污染周围的空气；三是养殖区域周围大量滋生蚊蝇，恶化了周围环境。因此，应大力发展其他农村能源的利用模式，推广"沼气、畜禽舍、厕所、日光蔬菜温室"四位一体生态模式。以太阳能为动力，以沼气为纽带，实现沼气积肥同步、种植饲养并举，建立一个生物种群较多，食物链结构、能流、物流循环较快的能源生态系统工程，同时解决北方稻区燃料不足的问题。厌氧细菌在无氧环境下，可将粪便或其他有机物中的碳水化合物分解为甲烷等低分子烷烃，即沼气。沼气的热值较高，每立方米达 5 000 千卡，相当于 1 千克原煤或 0.7 千克标准煤（7 000 千卡/千克）。沼气属于清洁能源，对环境几乎没有什么污染，而我国能源紧

张,如果我们以畜禽粪便为主要原料发展沼气,可解决几千万农户的能源问题。

二、节油的发展模式

近年来,国际石油价格一直维持在高位运行,高油价对我国的能源安全和国民经济运行造成了不小的影响。农业机械和农用运输设备耗用大量的柴油、汽油,这方面的节油潜力还是很大的。首先应该从农业机械和农用运输设备的功能设计阶段开始考虑节油问题。在设计阶段利用计算机辅助设计对制造过程进行模拟分析,改进设计以减少资源消耗,简化加工制造工艺、简化模具设计、充分利用标准件等,充分发挥模块化和标准化的优势,在设计时充分考虑到产品报废后较多的零部件拆卸方便,便于回收与再利用,尽量采用集成化设计,采用易于拆卸的连接方法。其次,发展生物乙醇和植物油作为石油的替代能源。

三、其他节约使用能源的发展模式

节柴(节煤)。农作物秸秆资源未得到合理有效利用,从而对系统外输出污染。在种植业产出环节,我们更多地利用了粮食等籽实产品,而5亿吨左右的粮食秸秆、2 000万吨左右的蔗渣和蔗梢、3 000多万吨油料秸秆等,没有得到充分合理的利用。如粮食作物秸秆,除用作牲畜饲料、农村生活燃料和直接还田的以外,未利用的有2亿吨左右,其热值相当于近1亿吨标准煤。未利用的秸秆,要么被抛弃在田边沟渠造成面源污染,要么人为焚烧污染大气。直接作为燃料的秸秆,燃烧的热效率只有10%左右,很不经济。因此,在继续使用柴、草及农作物秸秆作燃料的地方,要坚持和推广先进实用的省柴灶和用农作物秸秆、稻壳木屑、竹屑废料加工的清洁碳。在农村生产、生活中,用煤作燃料的地方,要大力推广先进适用的节煤技术,既可降低消耗，又可减轻对环境的污染。应结合各地农业产业结构，开展相应的生物质发电厂建设。农作物秸秆和畜禽粪便都是可再生资源，以生物质能替代数量越来越少的化石能源，具有重要的现实意义。

第五章 再利用的农业循环技术

再利用原则是指在现有技术经济条件下,尽可能多次以及尽可能以多种方式地使用资源,即将有利用价值的废弃物都作为"资源"利用起来,最终实现"零排放",属于过程性方法。再利用运作形式的农业循环经济模式,主要是指将农业废弃物肥料化、能源化、饲料化和再加工。农业废弃物再加工不同于一般的工业,在其加工生产中产生的废弃物绝大多数属于原来农产品的组成部分,仍然含有大量的有机质,相对开发价值高,开发成本低,开发技术容易掌握;做好了,其效益可能远远超过主产业。因此,再利用原则在农产品加工业中大有可为。这是构建循环经济型生态农业非常重要、必不可少的一环,也是循环经济型生态农业区别于传统生态农业的一个重要标志。如在生态农业综合开发中,畜牧业与种植业相结合,加上以沼气发酵为主的能源生态工程、粪便生物氧化塘多级利用生态工程,可将农作物秸秆等废弃物和家畜排泄物能源化、肥料化,向农户提供清洁的生活能源和生产能源,向农田提供清洁高效的有机肥料。

第一节 农业废弃物肥料化模式

有机肥料来源于动植物,是以提供农作物养分为主要功效的含碳物料。有机肥料不仅含有植物所需的大量营养元素,而且还含有多种微量元素,是一种完全肥料。有机肥料中所含有的有机物质是改良土壤、培肥地力不可替代和不可缺少的物质。

长期施用有机肥料可增加土壤微生物数量,提高土壤有机质含量,改善土壤理化性状。有机肥料在分解过程中形成的腐殖质是一种弱有机酸,它在土体中与无机胶体结合形成有机—无机胶体复合体,可熟化土壤,调节土体中水、肥、气、热状况。腐殖质对重金属离子具有吸附力强和选择性吸附的特点,对重金属污染有明显的减毒效果。

一、有机肥料资源

根据产生环境或施用条件、类似性质功能和制作方法,有机肥料可分成粪尿类、堆沤肥类、秸秆类、绿肥类、杂肥类、饼肥类、海肥类、农用城镇废弃物类、腐植酸类、沼气类及商品有机肥料类等。目前可以使用的农业废弃物有机堆肥资源主要包括以下两点。

(1)人畜禽粪尿资源。粪尿是人和动物的排泄物,具有养分全、含量高、腐熟快、肥效好、资源丰富等特点,是优质的有机肥料。粪尿类包括人粪尿、家畜粪尿、禽粪等。资料表明:一个千头奶牛场,可日产粪尿50吨;一个千头肉牛场日产粪尿20吨;一个千只蛋鸡场,日产粪尿2吨;一个万头猪场每天排出的粪尿约20吨。

(2)秸秆资源。秸秆是农作物收获后的副产品,其含有大量的有机碳和各种营养物质,是重要的有机肥资源。秸秆是一项数量巨大的有机肥资源,中国粮食平均年产量在5亿吨左右,由此产生的秸秆总量高达6亿吨。秸秆在过去一直是作为农民的燃料和建草房的建筑材料使用,但近年来,随着农民生活水平的提高,农村燃料逐渐转为煤、液化石油气、沼气等,草房也逐渐被砖瓦房、楼房等替代,秸秆不再作为建筑材料使用,而粮食产量大幅度提高,秸秆数量剧增,如何消化、利用数量如此巨大的秸秆成了问题。由于农民缺乏有效的利用手段,往往将其付之一炬,在经济发达和较发达地区更为突出。焚烧秸秆浪费了大量生物资源,损坏了土壤墒情。部分地块由于秸秆的集中堆放焚烧,造成了土壤有机质的大量损失、土壤结构被破坏,严重影响农业的可持续发展。焚烧秸秆不仅浪费资源,而且容易引发火灾,严重污染大气,影响人体健康,还对工业生产和交通造成不利影响。近年来秸秆制肥只消耗秸秆总量的32%,还有很大的利用潜力。

多积、多造、多用有机肥料,对于改良土壤、培肥地力、提高化肥肥效、发展生态农业、增加产量、降低成本以及净化城乡环境,都具有十分重要的意义。因此,采取相应对策,发展有机肥料,提高有机肥施用比例,有机、无机肥料配合施用,对作物优质高产、培肥地力、建设良好的生态环境,促进我国农业循环经济发展十分重要。

二、有机肥料生产

有机肥料是利用各种畜禽粪肥和城乡有机废物,经过工厂化发酵和制造,具有养分浓缩高效和无害化特点,便于运输和使用。20世纪90年代以来,无论是农作物产量、牲畜、家禽饲养量等都比80年代有较大幅度增长,按理,有机肥的数量应当增加。但实际上,90年代有机肥施用量只有250万~350万吨,为80年代较高年份的60%~70%。主要原因:一是农民堆沤有机肥的积极性逐渐下降,有机肥的质量不高。二是地区之间有机肥积制和施用发展不平衡,在有机肥中,农家肥利用比较充分一些,城市人粪肥应用很少。三是缺乏相应配套的物资和资金扶持,开发应用新技术和研究工作进展缓慢。据抽样化验,高温堆肥有机质和速效氮磷钾的含量较低,利用率不高。因此大力发展商品有机肥料生产,对充分运用有机堆肥具有重要意义。

(一)畜禽粪便有机肥料生产

畜禽粪便中含有大量的有机物及丰富的氮、磷、钾等营养物质，是农业可持续发展的宝贵资源。数千年来，农民一直将它作为提高土壤肥力的主要来源。过去采用填土、垫圈的方法或堆肥方式将畜禽粪便制成农家肥。如今，伴随着集约化养殖场的发展，人们开展了对畜禽粪便肥料化技术的研究。具有一定规模的养殖场应该采取禽畜粪便的干湿分离措施，实施雨污分离、固液分离。所有禽畜舍安装地下管道，禽畜舍、机器设备等的清洗用水和雨天雨水从明沟排放，排放的畜尿、少量粪渣和冲洗污水，汇集到沉砂池，沉砂后进入固液分离池，固体部分送到干化场，液体部分进入厌氧消化池。规模较小的养殖场为提高分离、运输效率，可实施相对简单的干清粪工艺。首先用锯木屑等废屑吸干禽畜粪，然后由人工将粪便、饲料残渣物统一收集到有机肥厂，作为生产有机肥的原料。液体粪便不易运输，可以就近输入沼气池发酵，产生的沼液、沼渣就近施肥，固体粪便可以作为生物有机肥厂的原料，集中收购运输到有机肥厂，加工为生物有机肥。

畜禽粪便有机肥料的生产方法如下。

（1）堆肥法。堆肥是处理各种有机废弃物的有效方法之一，是一种集处理和资源循环再生利用于一体的生物方法。把收集到的粪便掺入高效发酵微生物如 EM（有效微生物群），调节粪便中的碳氮比，控制适当的水分、温度、酸碱度进行发酵。这种方法处理粪便的优点在于最终产物臭气少且较干燥，容易包装、撒施，而且有利于作物的生长发育。堆肥法存在的问题是处理过程中有 NH_3 的损失，不能完全控制臭气，而且堆肥需要的场地越大，处理所需要的时间越长。有人提出采用发酵仓加上微生物制剂的方法，可以减少 NH_3 的损失并能缩短堆肥时间。

（2）厌氧发酵方法。厌氧微生物充分发酵畜禽排泄物并将其转化为肥料，比普通堆肥法效率更高。其中心技术是厌氧固氮发酵。畜禽粪便在通过厌氧发酵提取生物质能以后，其中的 N、P、K 等营养物质仍存留在沼渣、沼液中，以其作肥料使用，其中的营养成分更易于被作物吸收，且能提高农产品的产量和质量，也能减少化肥使用量，降低农业生产成本。根据不同畜禽排泄物的特点，采用厌氧微生物发酵法可将猪粪加工成颗粒状肥料。此外，在一些畜禽有机肥生产厂，常用的方法有快速烘干法、微波法、充氧动态发酵法。而且，畜禽粪便有机肥料生产技术及工艺流程在逐步完善和提高。体现在采用的生产原料主要有畜禽粪便、骨粉、鱼粉、锯末、秸秆、豆饼、腐植酸等；发酵技术有了提高，许多厂家把生物菌用于有机肥的发酵，部分企业采用发酵仓发酵的方式，提高发酵速度和质量；工艺流程逐步规范，从配料—翻拌—发酵—烘干造粒—包装，每个企业有自己完备的工艺流程；生产过程许多环节应用机械设备，设计生产能力比较大。

随着人们对无公害农产品需求的不断增加和可持续发展的要求，对优质商品有机肥料的需求量不断扩大，用畜禽粪便制成有机肥市场潜力巨大，可以生产有机无机复混肥、精制有机肥、生物有机肥料3种类型肥料。如以长富六牧投资的一座以粪便、料渣为原料，年产2万吨的有机肥厂为例，有机肥在发酵、干燥、制粒、熟化过程中，根据土壤养分供应状况和作物需要，添加氮、磷、钾养分和必要的中、微量元素，制成有机质含量高、养分齐全、速效和缓效性兼备、比例合理、肥效稳定的果树、烟叶、茶叶、蔬菜等有机—无机复混专用肥，有机肥分一般专用肥和优质复混专用肥两种，每吨售价分别为450元和550元，产品销路很好，实现了粪便资源化和商品化。再如，以太湖生态农业示范区建设为例，太湖各地对禽畜粪便的综合利用和处理高度重视，在不断完善和规范原有的处理和利用方法的同时，积极发展畜禽粪便沼气厌氧发酵和生产商品有机肥等方法进行无害化处理。到1999年年底，先后建成"三结合"式沼气池5万多座，建成有机肥厂5个，年产有机肥15万吨，规模畜禽养殖场粪便处理率达100%，达标排放率达85%；

如苏州市在大中型畜禽养殖场废弃物综合利用方面做得卓有成效，在全市建有大、中型沼气工程点 68 个，年利用废弃物 7.69 万吨，年产沼气 70.11 万立方米，供 2 000 多农户使用沼气；北京市规模化鸡场已建成鸡粪加工场，每年可生产干鸡粪 1 万吨，大大减轻了这些养殖场对周边环境的污染，使之变废为宝。

（二）秸秆肥料化

农作物秸秆肥料化是利用秸秆富含有机质，将其用于改良土壤结构，增强耕地保水保肥能力的再利用形式，是建设循环型农业、保持土壤养分平衡、实现农业可持续发展的重要措施。秸秆肥料化主要技术有秸秆直接还田、堆沤还田、过腹还田、垫圈还田等。

直接还田是秸秆肥料化技术应用最普遍和简单的一种。但由于秸秆密度低、收获季节性强，收集和储存比较困难，直接还田存在以下两个方面的问题：一是由于直接还田所使用的机械设备造成地面粗糙，影响后茬作物种植；二是秸秆直接还田肥效率不高。沼液、沼渣肥效比秸秆直接还田要高 1~1.5 倍。为此，农业部门制定和完善秸秆利用政策，制定合理的原料收购政策，指导农民充分利用秸秆资源，使农民获得合理收益，调动和保护农民秸秆肥料化的积极性。

（三）秸秆粪便肥料化模式（案例分析）

山东省九发食用菌股份有限公司利用作物秸秆和鸡粪生产双孢菇，创建了亚洲最大的双孢菇生产、加工基地。1998 年该公司利用小麦和玉米秸秆 2 万吨，带动利用秸秆 5 万吨，工厂化生产、加工出口高品质双孢菇 1 万吨，并利用双孢菇加工废料生产高效菌肥 1 万吨、菌丝颗粒饲料 1 万吨和多糖系列新产品 15 吨，实现年产值 2 亿元，创汇 1 800 万美元。2001 年生产高品质双孢菇 3 万吨、高效有机复合肥 10 万吨、双孢菇单体多糖和复合多糖系列产品 15 吨，实现年产值 5.6 亿元、利税 7 800

万元和创汇 2 800 万美元，成为业绩突出的上市公司。

第二节 农业废弃物能源化模式

农业废弃物能源化模式主要是通过将畜禽粪便、秸秆等有机废弃物厌氧发酵，产生沼气进行利用和直接利用秸秆发电。

一、沼气模式

（一）沼气模式原理和应用

目前，循环农业在农村最典型的运用就是农村沼气。农村沼气发展模式实施难度较小，可操作性较强。其原理是将农作物的秸秆、人畜粪便等有机物在沼气池厌氧环境中通过沼气微生物分解转化后所产生的沼气发酵产物（沼气、沼液、沼渣，俗称"三沼"）转化为能源，"三沼"可以有效缓解部分农村地区的能源紧张状况。沼气除可直接用作生活和生产能源，或用于发电外，可以养蚕，可以保鲜、储存农产品；沼液可以浸种，可以代替农药作叶面喷洒，为作物提供营养并杀灭某些病虫害，可以作为培养液水培蔬菜，可以用作果园滴灌肥，可以喂鱼、猪、鸡等；沼渣可以作肥料，可以作为营养基栽种食用菌，可以养殖蚯蚓等。它既有降本增效的功能，又能改善环境，保护生态，实现农业和农村废物循环利用，是广大农村发展安全优质农产品必不可少的重要条件。

利用沼气池这一工程，可以把农业和农村产生的秸秆、人畜粪便等有机废弃物转变为有用的资源进行综合利用，其主要模式：一是"三结合"。如沼气池—猪舍—鱼塘；沼气池—牛舍—果园；沼气池—禽舍—日光温室等。二是"四结合"。如沼气池—猪禽舍—厕所—日光温室（或果园、鱼塘、大田种植）等模式，是庭院经济与农业循环结合最典型的一种模式。在这种模式中，农作物的果实、秸秆和家畜排泄物都得到循环利用，输出各种清洁能源和清洁肥料,综合效益非常可观。不少地方原来经济比较落后,通过引导农民建设这种模式的家庭生态农业园,经济得到迅速发展,农民收入大幅度增加,被称为富裕生态农业园。但是,从总体看,目前我国畜禽粪便主要是作肥料直接使用,用于沼气原料的还比较少。随着畜牧业生产方式逐步转向规模化、小区化集中饲养,粪污也相对集中在规模化养殖区域,再利用模式在这方面应用的效益和可行性将越来越大。

(二) 沼气池的建设

沼气模式的应用,建设好符合标准的沼气池是第一步,要让农户能够管理好、用好沼气,必须要懂得发酵工艺和发酵条件。选取(培育)菌种→备料、进料→池内堆沤(调整 pH 值和浓度)→密封(启动运转)→日常管理(进出料、回流搅拌)。这个工艺是配套曲流布料沼气池产生的,原来叫曲流布料沼气发酵工艺,只有这个发酵工艺进入了国标。它适用于所有的国标沼气池。

(1) 适宜的发酵温度。沼气池的温度条件分为:①常温发酵(也称为低温发酵) 10~30℃,在这个温度条件下,产气率可达 0.15~0.3 立方米/天。②中温发酵 30~45℃,在这个温度条件下,池容产气率可达 1 立方米/天左右。③高温发酵 45~60℃,在这个温度条件下,池容产气率可达 2~2.5 立方米/天。沼气发酵最经济的温度条件是 35℃,即中温发酵。

(2) 适宜的发酵液浓度。发酵液的浓度范围是 2%~30%。浓度愈高产气愈多。发酵液浓度在 20% 以上称为干发酵。农村户用沼气池的发酵液浓度可根据原料多少和用气需要以及季节变化来调整。夏季以温补料浓度为 5%~6%;冬季以料补温 10%~12%;曲流布料沼气池工艺要求发酵液浓度为 5%~8%。

(3) 发酵原料中适宜的碳、氮比例(C∶N)。沼气发酵微生物对碳素需要量最多,其次是氮素,我们把微生物对碳素和氮素的需要量的比值，叫作碳氮比，用"C：N"来表示。目前一般采用C：N=25：1。但并不十分严格，碳氮比有20：1、25：1、30：1都可正常发酵。

（4）适宜的酸碱度（pH值）。沼气发酵适宜的酸碱度为pH值6.5~7.5。酸碱度会影响沼气发酵效率，主要是因为pH值会显著影响酶的活性。

（5）足够量的菌种。沼气发酵中菌种数量多少、质量好坏直接影响着沼气的产量和质量。一般要求达到发酵料液总量的10%~30%，才能保证正常启动和高效产气。

（6）较低的氧化还原电位（厌氧环境）。沼气甲烷菌要求在氧化还原电位大于-330毫伏的条件下才能生长。这个条件即严格的厌氧环境。所以，沼气池一定要密封。

二、生物质能发电模式

生物能源是以生物质（主要是指薪柴、农林作物、农作物残渣、动物粪便及生活垃圾）为载体的能量。生物质能是指利用自然界的植物、粪便以及城乡有机废物转化成的能源。它的主要形式有沼气发电、生物制氢、生物柴油和燃料乙醇等。生物能源在增加能源供给、减少环境污染的同时，还有助于解决农村就业和农民增收问题，有助于保护土壤，促进农业的可持续发展。中国是一个农业大国，生物质资源非常丰富，每年可产生7亿多吨秸秆以及大量的禽畜粪、森林加工剩余物等。此外，我国还有约20亿亩荒山荒地可用于发展能源农业和能源林业。目前我国的产能微生物研究、生物转化研究、过程与设备研究等已趋成熟，石油替代产品的开发技术也具备进行大规模工业化生产的条件。生物质能发电是未来生物质能利用的重要方向。生物质能发电在欧美受到了高度重视，技术得到很好的发展，主要是直接燃烧发电和利用先进的小型燃气轮机联合循环发电。

秸秆发电是生物质能发电的一种主要形态，农作物秸秆是一种很好的清洁可再生能源，蕴藏着丰富的能量，1吨含水量在14%以下的秸秆或2吨新鲜秸秆，其燃料热值相当于1吨标煤。发展秸秆发电，既可以缓解农村能源紧张，又有利于保护生态和资源。我国每年可生产农作物秸秆7亿多吨，如果全部燃烧，折合约3亿吨标准煤的热值，如果一半用于发电，相当于0.9亿千瓦火电机组年平均运行5 000小时，年发电量可达4 500亿千瓦时。

（一）主要生物质能发电模式介绍

技术的多元化是支持秸秆发电产业的基础，我国地域辽阔，在地理、气候、作物种类、农村经济、文化、生活习惯等方面，各个地区的差异很大，所以单一技术不可能支撑一个产业，需要国有技术的支持。秸秆发电至少有三种技术路线，即秸秆直燃发电、煤与秸秆混燃发电、秸秆气化发电。

（1）秸秆直燃发电。秸秆直燃发电是采用锅炉—蒸汽—蒸汽轮机—发电机的工艺路线，可以借鉴的相关技术比较多，而且可以采用热电联供的方式提高系统效率，其特点是规模效益明显，如发电装机容量小于1万千瓦，系统效率将明显下降。

（2）煤与秸秆混燃发电。煤与秸秆混燃技术的特点是可以对现有的小型热电厂进行改造，与新建电厂相比，投资很少。但是首先需要解决好电厂掺烧秸秆量的计量和监督的问题。由于每种技术都有各自的特点，所以，不应该完全肯定或完全否定某一项技术。关键是在选择技术路线时，必须充分考虑项目所在地的实际情况，采用最适宜的技术。

（3）沼气发电模式。

①河北邯郸河沙镇高科超腾葡萄生态示范园区案例。在河北邯郸河沙镇高科超腾葡萄生态示范园区，农民利用猪、牛粪便建沼气池，再用沼气发电，解决了整个农业园区生产生活用电，实现了变废为宝，增产增收。园区占地60余亩，种植优质

葡萄45亩，现存栏大约克、杜洛克等优良种猪1 000多头，猪舍下建沼气池14个，600立方米，有一套沼气发电设备，包括与养猪场连为一体的沼气发电机组。养猪场的粪尿通过专门的通道流入地势较低的沼气池，经过沼气池发酵，产生沼气进入储气柜，储存的沼气输入54千瓦的沼气内燃机，带动30千瓦发电机发电，发出的电输入养殖场的电网，带动了2台饲料加工机、2套浇灌设备、园区的全部照明等。养猪场每天可产沼气200立方米。按照每平方米沼气可发2千瓦时电，一天就可以发电400千瓦时，一年可以发电14.6万千瓦时，完全解决了园区用电量，每年可增收节支1.5万元。

②福建延平区畜禽养殖企业和养殖户案例。延平区是福建省畜牧大县，目前共有规模畜禽养殖场1 275家。为了治理其大量畜禽粪便对闽江的污染，延平区已建成4 200口沼气池。通过发展沼气工程治理畜禽养殖污染，生态效益和社会效益很好，同时也有一定的经济效益，以一个普通规模养殖场为例，其沼液用于灌溉200~300亩果园或菜地，每亩可增收200元，年增收4万~6万元。沼渣卖给化肥厂做原料，年收入3万~4万元。但是主要产品沼气仅仅用于煮饭、照明，利用率仅5%，95%的沼气自然排放到大气中，不但浪费资源，而且污染大气。为了解决沼气工程建设中的这个难题，2004年8月利用沼气发电在太平养猪场获得成功。据测算，一个规模畜禽企业为治污投入沼气设施建设的资金，靠沼液、沼渣，加上沼气发电的收入，五年内可收回全部成本。

（二）生物质能发电模式的案例分析

国内目前最大的生物质能发电项目，经15个月的紧张施工，已在江苏兴化市戴窑镇投入试运行。该项目由兴化苏源总公司、中科院广州能源研究所及戴窑镇三方共同投资新建。于2004年6月12日动工，投资总额为2 980万元，装机容量5 000千瓦。该项目属国家863计划环保示范项目，主要利用兴化市的麦草、稻壳来发电，该项目采用的新技术和新设备处于世界先进地位。该项目正常运行后，每年可发电近4 000万千瓦时。同时，使广大农村的麦草、稻壳变废为宝，既增强了农民的收入，又减少了环境污染。

江苏省兴化市是全国著名的鱼米之乡。一个镇仅大米加工厂就有100多家，而每加工1 000吨大米，就会产生250吨的稻壳。另据统计，兴化每年产生的稻草、麦秸秆、棉花秆以及其他农产品废弃物等生物质能资源共100多万吨，其中可利用的生物质能资源为60万~70万吨。研究表明，2吨秸秆产生的热量相当于1吨标准煤，而且其平均含硫量只有3.8‰，大大低于煤的平均含硫量。秸秆发电目前在我国基本上还是空白，而在欧洲一些国家，这一节能、环保技术已成功应用了十多年。

生物质能发电不仅是一种能源解决方式，更重要的是对发展农村经济有很大帮助。一方面，在每一个乡镇就地建设的秸秆发电厂大约需要50个工作人员，可以解决部分农民的就业问题。另一方面，秸秆发电厂需要燃烧秸秆、稻壳等物。农民将可以出售这些产品。按150元/吨计，平均下来农民每亩地可增收60~80元。

（三）生物质能发电模式面临的问题

生物质能发电最大的问题是资源的收集，这在我国尤其困难。我国大部分地区都是以农户为农业生产单位，户均耕地占有面积很小，根据对我国粮食产量最大的五个省的统计，每年每户的秸秆可获得量仅为4~5吨。以2.5万千瓦的秸秆发电厂每年消耗秸秆20万吨计，需要从近5万户农户收购，这些秸秆还是分夏秋两季提供，意味每年需要完成近10万笔秸秆收购交易，无论对收购的组织还是收集成本控制都是极大的考验。国外秸秆发电也有向大规模发展的趋势，秸秆发电技术已在北欧得到广泛应用，但是其农业生产以农场为主，每个收购合同或收购交易可以提供的秸秆数量远远超过我国。因此，根据我国的国情，除了黑龙江、新疆等地外，其他省份的秸秆发电项目规模不宜太大。有关专家曾对收集秸秆的运输成本进行过详细的调查和测算，发现收集半径在15千米以内，其运输成本增加很少。半径15千米可以提供的秸秆为10千米的一倍以上，所以，可在此范围内有选择性地收购，以有效地防范秸秆收购价格被恶意抬升的风险。秸秆资源的收集，有两个问题需要注意：一是把秸秆挤压成型（如块状）。如果我国也在农村设一些成型机，先把秸秆变成生物颗粒，收集就不成问题。二是秸秆等生物质能也是一种能源，应与煤同等看待，定出一个适当价格。这样既可以加快生物质能的开发利用，又可以促进农业产业化、提高农民收入。

第三节 农业废弃物饲料化模式

有机废弃物饲料化生态工程是再利用模式要考虑的又一重要内容。我国目前每年农作物秸秆量6亿~7亿吨，蔬菜废弃物1亿~1.5亿吨，肉类加工厂（包括肉联厂、皮革厂和屠宰场）废弃物0.5亿~0.65亿吨，都可以进行饲料化处理，潜力十分巨大。

一、秸秆饲料化

秸秆含有大量的营养物质，秸秆饲料化的主要模式是利用花生、山芋、玉米等农作物秸秆富含较高营养成分，通过青贮、微贮及氨化等处理措施，使秸秆中的纤维素、木质素细胞壁膨胀疏松，便于牲畜消化吸收。秸秆饲料可以有效提高奶牛产奶量和质量，降低饲料和劳力成本，提高养殖效益，经科学处理，秸秆的营养价值还可大幅度提高。开发利用潜力巨大，发展前景广阔。如果全国能新增利用2亿吨作物秸秆，粗略估算，可养600万头奶牛、2 700万头肉牛，年产牛奶2 000万吨、牛肉

150万吨,其粪污可产生沼气217亿立方米,相当于1 540万吨标准煤。到目前为止,我国通过青贮、氨化等措施利用的作物秸秆已超过2亿吨,可节约饲料粮4 450万吨。如果再扩大利用这2亿吨作物秸秆,可进一步节约饲料粮约4 000万吨。秸秆饲料主要是秸秆青贮、秸秆氨化盐化、秸秆机械加工和发展全混合日粮。

(一) 氨化饲料

农作物秸秆不经过处理直接返回土壤,需经过长时间的发酵分解,方能发挥肥效,参与再循环。但如果经过糖化或氨化过程使之成为家畜喜食的饲料,通过饲养家畜就可以增加畜产品产量,再利用家畜排泄物培养食用菌,生产食用菌后的残菌床又用于繁殖蚯蚓,最后将蚯蚓利用后的残余物返回农田作肥料,用于生物食物选择和排泄未能参与有效转化的部分也能得到利用、转化,从而使能量转化效率大大提高。

(二) 青贮饲料

青贮饲料是农作物秸秆在密封无氧的条件下,由乳酸菌发酵作用而成,以其气味芳香、柔软多汁、适口性好等特点,成为牛、羊等草食家畜优质粗饲料之一,并可收到提高采食量、增加产奶量、改善膘情的较好效果。以玉米为例,一般从每年9月中旬开始陆续进入收获期,这也是开展玉米秸秆青贮的黄金季节。下面结合实际,就如何做好玉米秸秆青贮制作方法介绍如下。

(1) 青贮设施的准备。青贮设施有青贮池、青贮塔、青贮壕等,以青贮池最为常用。青贮池应建在地势高燥、土质坚硬、靠近畜舍、远离水源和粪坑的地方,要坚固牢实、不透气、不漏水。内部要光滑平坦,上宽下窄,底部必须高出地下水位0.5米以上,以防地下水渗入。青贮池一般分为地上、半地下和地下式3种。由于华北地区地下水位偏低,以半地下式为宜。

（2）收割时间的选择。玉米全株（带穗）青贮营养价值最高，应在玉米生长至乳熟期和蜡熟期收贮（即在玉米收割前15~20 天）；玉米秸秆青贮要在玉米成熟后，立刻收割秸秆，以保证较多的绿叶。收割时间过晚，露天堆放将造成含糖量下降、水分损失、秸秆腐烂，最终造成青贮料质量和成功率下降。

（3）玉米秸秆的切碎。为确保无氧环境的形成，玉米秸秆一定要切碎，长度以 2~3 厘米为宜。小规模青贮池可人工铡碎；大型青贮池必须用切碎机切碎；玉米全株青贮，有条件的最好采用大型青贮联合收割机直接到玉米地里收割。

（4）玉米秸秆的填装。在装填时必须集中人力和机具，尽量缩短原料在空气中暴露的时间，装填越快越好，小型池应在 1 天内完成，中型池 2~3 天，大型池 3~6 天。装填前，先将青贮池打扫干净，池底部填一层 10~15 厘米厚的切短秸秆或软草，以便吸收上部踩实流下的汁液。大型青贮池从一端开始装填，用推土机推压结合，逐渐向另一端，以装至高出池口 1 米左右为宜；小型青贮池从下向上逐层装填，每装 30 厘米人工踩实 1 次，一直装满青贮池并高出池口 70 厘米左右。青贮饲料紧实度要适当，以发酵完成后饲料下沉不超过深度的 8%~10% 为宜。在装填时，适当添加尿素 0.5%、食盐 0.3%，能明显提高其营养价值。

（5）秸秆青贮的封池。装填至离池口 30 厘米时，在池壁上铺塑料薄膜以备封池。青贮玉米如果收获适时，大部分为绿叶，水分为 60% 左右可不必加水；若黄叶占一半以上时，即应加水，一般加水量 10%~15%，边加边装，确保水和原料混合均匀。青贮池装满后，用塑料薄膜覆盖池顶，然后压上湿土 20~30 厘米，覆盖拍实并堆成馒头形，以利于排水。

（6）封池之后的管理。距青贮池 1 米四周挖好排水沟，防止雨水渗入池内。贮后 5~6 天进入乳酸发酵阶段，青贮料脱水、软化，当封口出现塌裂、塌陷时，应及时进行培补，以防漏水漏气。要防牲畜践踏、防鼠,保证青贮质量。

(7)青贮饲料的取用。玉米青贮约经过1个月,即发酵完毕,可以开窖利用。优质青贮饲料呈青绿或黄褐色,气味带有酒香,质地柔软湿润,可看到茎叶上的叶脉和绒毛,是牛、羊等草食家畜的优质粗饲料。取用青贮饲料时,一定要从青贮池的一端开始,按照一定厚度,自上而下分层取之,要防止泥土的混入,切忌由一处挖洞掏取。每次取料数量以饲喂一天的量为宜。青贮饲料取出后,必须立即封闭青贮池池口,防止青贮饲料长期与空气接触造成的饲料变质。

不同类型的秸秆其能量和营养价值差异很大,因此种植业生产布局决定着秸秆生产的布局。秸秆生产要与种植业生产布局结合起来,同时还需强化秸秆饲料化技术的研究推广、处理技术,提高加工设备水平,继续加大青贮饲料和氨化秸秆等成熟技术的推广力度。

我国秸秆养畜技术、沼气技术已比较成熟,目前最主要的制约因素是资金问题,布局上也受到一定的限制。如生态家园富民工程主要是在退耕还林和实施天然林保护工程的西部山区,秸秆资源却更多地集中在农业主产区,资金和资源的空间分布不匹配。为此,建议国家安排一定的扶持资金,实施两大工程:一是秸秆养畜示范工程。目前农业农村部只有国家农业综合开发安排的有限的专项资金,其中有偿资金占70%,扶持力度较小。如果从国家基本建设资金中每年安排一定资金,启动100个左右的示范县建设,可迅速形成产业规模。二是重点畜禽场配套改造工程。扶持对象主要是已建成的种畜禽场和大中型养殖场,建设重点是畜禽粪污能源利用工程和公益性基础设施的完善。

二、畜禽粪便饲料化

畜禽粪便饲料化是畜禽粪便再利用的重要途径。畜禽粪便含有大量的营养成分，如粗蛋白、脂肪、无氮浸出物、钙、磷、维生素 B_{12}；同时有许多潜在的有害物质，如矿物质微量元素（重金属如铜、锌、砷等）、各种药物（抗球虫药、磺胺类药物等）、抗生素和激素等，以及大量的病原微生物、寄生虫及其卵，畜禽粪便中还含有氨、硫化氢、吲哚、粪臭素等有害物质。所以，畜禽粪便只有经过无害化处理后才可用作饲料。带有潜在病原菌的畜禽粪便经过高温、膨化等处理后，可杀死全部的病原微生物和寄生虫。用经无害化处理的饲料饲喂畜禽是安全的：只要控制好畜禽粪便的饲喂量，就可避免中毒现象的发生；禁用畜禽治疗期的粪便作饲料，或在家畜屠宰前不用畜禽粪便作饲料，就可以消除畜禽粪便作饲料对畜产品安全性的威胁。处理方法主要有直接利用法、干燥法、青贮法、发酵法、分解法、化学法、热喷法等。

（一）直接利用法

用新鲜粪便直接作饲料，这种方法主要适用于鸡粪。由于鸡的消化道短，从吃进到排出约需 4 小时，吸收不完全，所食饲料中 70% 左右的营养物质未被消化吸收而排出体外，因而鸡粪中含有丰富的营养物质。在排泄的鸡粪中，按干物质计算，含 20%～30% 粗蛋白、26% 灰分、23% 无氮浸出物和 10% 粗纤维，其中色氨酸、蛋氨酸、胱氨酸、丝氨酸较多，含量不低于玉米等谷物饲料，此外还含有丰富的微量元素和一些未知因子，可用于牛羊等反刍家畜饲料。非蛋白氮在牛羊等反刍家畜的瘤胃中经微生物分解，合成菌体蛋内，然后再被消化吸收。因此，可利用鸡粪代替部分精料来养牛、喂猪。但是此种方法还存在一些问题，例如添加鸡粪的最佳比例尚未确定，另外，鸡粪成分比较复杂，含有吲哚、尿素、病原微生物、寄生虫等，易造成畜禽间交叉感染或传染病的暴发，这也限制了其推广使用，但可以用一些化学药剂，如同含甲醛质量分数为 37% 的福尔马林溶液进行混合，24 小时后就可以去除吲哚、尿素、病原微生物等病菌，再饲喂牛、猪。还可采用先接种米曲霉与白地霉，然后进行杀菌，这种方法最简单实用。

（二）干燥法

干燥法是处理鸡粪常用的方法。干燥法处理粪便的效率最高，而且设备简单投资小，粪便经干燥后可制成高蛋白饲料。这种方法既能除臭又能彻底杀灭虫卵，达到卫生防疫和生产商品饲料的要求。目前由于夏季鸡粪大批量处理时仍有臭气产生，处理气臭和产物的成本较高，使该方法的推广使用受到限制，有研究表明在处理中加光合细菌、细菌链霉菌、乳酪菌等具有很好的除臭效果。

（三）分解法

分解法是利用优良品种的蝇、蚯蚓和蜗牛等低等动物分解畜禽粪便，达到既提供动物蛋白质又能处理畜禽粪便的目的。这种方法比较经济、生态效益显著。蝇蛆和蚯蚓均是很好的动物性蛋白质饲料，品质也较高，鲜蚯蚓含10%~40%的蛋白质，可作为鸡、鸭、猪的饲料或水产养殖的活饵料，蚓粪可作肥料。但由于前期畜禽粪便灭菌、脱水处理和后期蝇蛆分离技术难度较大，加之所需温度较苛刻，而难以全年生产，故尚未得到大范围的推广。如果采用笼养技术，用太阳能热水器调节温度，在饲养场地的周围喷洒除臭微生态制剂，采收时利用蝇蛆的生活特性，用强光照射使蝇蛆分离，这一系列问题就解决了。

（四）青贮法

粪便中碳水化合物的含量低，不宜单独青贮，常和一些禾本科青饲料一起青贮，调整好青饲料与粪的比例并掌握好适宜含水量，就可保证青贮质量。青贮法不仅可防止粪便中粗蛋白损失过多，而且可将部分非蛋白氮转化为蛋白质，能杀灭几乎所有有害微生物。用青贮法处理畜禽粪便时，应注意添加富含可溶性碳水化合物的原料，将青贮物料水分控制在40%~70%，保持青贮容器为厌氧环境。例如，用65%新鲜鸡粪、25%青草（切短的青玉米秸）和15%麸皮混合青贮，经过35天发酵，即可用作饲料。

(五) 发酵法

发酵法即利用厌氧及兼性微生物充分发酵畜禽排泄物并将其转化为饲料，中心技术是厌氧固氮发酵。采用以厌氧发酵为核心的能源环保工程，是畜禽粪便能源化利用的主要途径。目前对于集约化养殖场，大多是水冲式清除畜禽粪便的，粪便含水量高。对这种高浓度的有机废水，采用厌氧消化法具有低成本、低能耗、占地少、负荷高等优点，是一种有效处理粪便和资源回收利用的技术。它不但提供清洁能源（沼气），解决中国广大农村燃料短缺和大量焚烧秸秆的矛盾，还能消除臭气、杀死致病菌和致病虫卵，解决了大型畜牧养殖场的畜禽粪便污染问题。另外，发酵原料或产物可以生产优质饲料，发酵液可以用作农作物生长所需的营养添加剂。目前，这种工艺已经基本成熟。根据不同畜禽排泄物的特点，采用厌氧微生物发酵法比较适用于将禽类粪便加工成猪饲料。

(1) 加工程序。采用厌氧固氮微生物发酵技术发酵畜禽废物的加工程序如下。

①收集废物并进行初步处理。首先在养殖场收集废物，视企业规模的大小，可采用手工收集或机械收集；其次对废物进行初步处理，即除掉废物中的杂质，主要是碎玻璃或其他尖锐性物体，如铁钉、小石头等，目的在于避免在以后的加工中损坏加工器具。

②发酵。在经初步处理的废物中加入基础饲料和菌种，菌种由厌氧固氮菌群组成，主要有巴氏杆菌、酵母菌等。随后用小型搅拌器搅拌，使待发酵的废物与菌种均匀地混合。搅拌后，将混合物料密封于发酵塔中进行厌氧发酵，这一步的关键是密封，以提供无氧环境。发酵时间需48小时。

③发酵后处理。48小时以后从发酵塔里取出已发酵的物料。已发酵的新鲜有机废物可直接用作饲料，也可用机械或塑料棚进行干燥处理，再包装成袋，待运或贮存。由于发酵时间为48小时，因此如果企业规模较大，可多准备几个发酵塔，以形成流水作业。

（2）技术优点。将畜牧业废物加工成饲料的传统方法是用成套机械设备进行干燥处理，我们通过试验对厌氧固氮微生物发酵技术和传统技术进行了对比分析，发现新技术具有如下优点。

①加工而成的饲料质量较高。首先，饲料的粗蛋白含量发酵后比直接干燥高3.8%；其次，新技术加工的饲料为浅黄色带芳香味，而直接干燥成的饲料为棕色且稍带鱼腥味；最后，发酵技术无须任何添加剂，而直接干燥技术则使用了改善饲料气味的添加剂。

②饲料喂养效果好。以猪达到90千克重所需时间为衡量标准，用新技术加工的饲料喂养只需180~190天，而用传统技术加工的饲料喂养需200~210天。

③在占地及动力成本方面占优势。采用新技术的占地面积为60平方米，而成套机械设备干燥法则需占地150~1 000平方米；新技术每年的动力成本为5 000元，传统技术每年的动力成本则高达5万元。

④对空气的污染程度低。采用新技术无NH_3、H_2S、SO_2等有毒气体排入大气，而传统加工技术则向大气中排放了这些气体。

第四节　农业废弃物再加工模式

再利用原则在农产品加工业中的应用，主要体现在对各类农产品、山区土特产品、林产品、水产品及其初加工后的副产品及有机废弃物进行系列开发、反复加工、深度加工。利用生物技术、工程技术、核技术等高新技术手段，开发新的产品，延伸产业链，不仅加工企业本身不再产生污染，而且使产品不断增值。发达国家农产品加工企业都是从环保和经济效益两个角度对加工原料进行综合利用，把农副产品转化为饲料和高附加价值产品，如从玉米芯、果皮、果籽和果渣中提取膳食纤维、香精油、果胶物质、单宁、色素等。

一、秸秆再加工模式

在我国耕地和淡水资源短缺的情况下，农作物秸秆尤为珍贵。世界各国普遍重视农作物秸秆的综合利用，主要集中在能源、饲料和肥料3个方面。我国虽然在这些领域都开展了秸秆的开发利用，但政策不完善，技术研发水平落后，研究与推广脱节，综合利用水平还较低。加强农作物秸秆综合利用，把各类农作物秸秆转化增值，是我国新阶段农业和农村经济发展的一项重大课题。

（一）秸秆造纸业发展模式

我国有大量蔗渣、田菁、棉秆、芒秆等秸秆，这些非木材纤维都是生产文化印刷用纸、生活用纸和包装用纸的重要纤维原料。可以充分利用废弃物资源，发展非木纤维纸业。

由于非木纤维短、强度低、杂细胞多，需选用化学助剂提高非木纤维的利用价值，因此利用非木材纤维存在的主要问题是制浆黑液和造纸生产过程中产生的废水严重污染江河。针对生产体系中的污染物，采用高科技治理，确保污染物达标排放。如采用先进的工艺和设备，选用高效的化学助剂提高水的循环利用率，把清水用量和污水排放量降下来，尽快做到达标排放；再如运用创新技术提取黑液中的木素生产有机化肥，集中生产过程中产生的废水，通过处理回用于农田的灌溉，不向外部水体排放污染物质，不仅可以保护区域水体环境，还能节约水资源。用黑液中的木素生产的有机肥料用作农田的基肥，农业废弃物用于制浆造纸，使所有物质和能源得到充分合理利用，实现"资源—产品—再生资源"的封闭循环；还可以加快研究开发并完善新的制浆新工艺：爆破制浆、溶剂制浆以及芬兰 Conox 黑液回收技术等。

我国要关注这些新工艺、新技术试验的进展，有关研究单位应加快科技成果的产业化进程，真正做到能够投产应用。

(二) 其他再加工发展模式

（1）发展秸秆环保建材。农作物秸秆经过工艺处理，可以制成质量轻、实用美观的板材、装饰材料、一次性使用的基质材料等建筑材料，能够在许多方面替代木材，减少木材消耗，在加强生态建设和保护环境生产建筑材料等方面有着不可替代的功能。如稻草可以制取膨松纤维素、板材，利用稻草编织草帘、草苫，用于蔬菜产区的温室大棚，不仅保温效果好，而且减少了其他农用资料的使用，环保经济。

（2）发展秸秆食用菌。农作物秸秆是良好的食用菌基料，搭配必要的培养基就可以生产食用菌。剩余物还可作肥料，再次利用，实现良好的循环。

（3）小麦秸秆适用于制取糠醛、纤维素，制作秸秆餐具等发展模式。利用农业废弃物的根、茎、叶，还可以编织日常用品和手工艺品，实现变废为宝。草编是甘肃省历史悠久的传统手工艺品，产品遍布全省各地。主要品种有以玉米皮、麦秸秆为原料编织的包、篮、垫、盘、盒、帽等工艺品和以藤、棕编制的桌几、椅类、床类产品。甘肃省草编工艺品造型别致，纹样装饰丰富多彩，是大宗出口产品之一，远销英、美、德、意、日等 10 多个国家和地区。

二、塑木复合材料发展模式

塑木复合材料（Wood-Plastic Composites，简称 WPC），也

称木塑复合材料、塑木、环保木、防水木等，是利用废弃的木粉、稻糠等天然纤维填充，增强 PE、PP、PVC、ABS 等热塑性新料或回收塑料的新型改性材料，通常添加的比例为 50/50，另外 WPC 还含有少量的助剂（如抗氧剂、抗老化剂、润滑剂、色粉等）。

由于 WPC 主要使用的原材料是天然纤维和热塑性树脂，产品中 95% 以上可以使用再生材料，因此在国外，WPC 更多地被称之为再生塑木（Recycled Plastic Lumber，RPL）。

我国是世界上最大的稻米生产国和稻米消费国，每年直接食用稻米及其制品耗用稻米约 1.95 亿吨。由于我国的稻米产量大，加工中可得到稻壳 3 500 万~4 000 万吨/年。目前，约有 40%稻壳通过酿烧酒、发电、饲料、制作纤维板、免烧砖、炭黑、可降解快餐盒等工业品，作培育蘑菇填充料，还田作肥等手段得到再利用，剩余的 2 100 万~2 400 万吨稻壳被焚烧或废弃。此外，我国已成为世界上农膜产量和使用量最大的国家，根据农业农村部的预测，到 2005 年我国园艺设施栽培面积将达到 2 300 万亩左右，全国地膜覆盖面积达 11.3 万平方千米。而各种农膜在使用后大部分被就地抛弃或烧毁，据统计，我国耕地的残膜率达 42%，每年有超过 75 万吨的农膜被浪费，导致农膜无法回收的重要原因是回收价格极低，无法吸引农民的兴趣。

塑木复合材料的诞生，顺应了发展循环经济的需要，节约自然资源，减轻人类活动对环境影响的潮流，为我国处理农林业废弃物和工业废弃塑料提供了一条崭新的思路。WPC 对天然纤维的选取非常广泛，没有过多的要求，但从加工的角度考虑，适当的粒度、少的水分、浅的颜色，都是有利于生产出优良的 WPC 产品的。通常情况下，废旧的木材下脚料、刨花、木粉、花生、稻米等谷物加工后剩余的糠皮、芦苇、向日葵等天然农作物的茎秆，造纸行业中产生的改性木质素等都可用于 WPC 的制造。由于天然纤维在高温加工过程中容易焦化，现有的 WPC

产品大都选用熔点在230℃以下的热塑性树脂，如：PE、PP、PVC、ABS、PET等。通常情况下，这些树脂均采用回收的各种塑料制品，如农膜、电线电缆皮、包装薄膜、塑料袋、饮料瓶、PVC门窗等，出于加工上的考虑和原材料的易得性，全球WPC产品中超过八成是利用PE生产的。

三、蔗渣再加工模式

广西贵糖（集团）公司充分利用甘蔗制糖废弃物——蔗渣，生产出高质量的生活用纸、高级文化用纸以及高附加值的CMC（羧甲基纤维素钠），其经济效益甚至超过主产品糖产业。贵港生态工业园建设中的再利用，具体表现在以下几个方面。

（1）实施生活用纸扩建工程。甘蔗中的大部分蔗糖分被提取之后，剩下的是蔗渣和废蜜。蔗糖分和蔗纤维在甘蔗中的含量相当，分别为13.5%和12.5%，在传统甘蔗制糖工业中，前者进入市场成为商品，后者则以废弃物的身份进入糖厂锅炉而被烧掉，为此全世界每年烧掉近1亿吨蔗渣。从资源经济的角度看，这是对甘蔗资源的浪费，如果用蔗纤维制纸，每生产1吨纸张需消耗木材3立方米。树木紧缺，生长周期长，且具有重要的生态价值，而甘蔗资源却较丰富，一年一生，利于砍伐且成本低廉。基于此，贵糖集团于2002年启动利用蔗渣、年产10万吨生活用纸的技术改造工程。贵糖集团将年产20万吨生活用纸，相当于每年减少消耗60万立方米木材。

（2）实施能源酒精技改工程。现有技术条件下，蔗糖分的工业提取率为90%左右，其余糖分存留于糖蜜中。糖蜜普遍被发酵以制取食用酒精，其年产量占到世界酒精产量的50%左右。由于酒精是非常理想的可以代替煤、石油、天然气等用来发电、转换成汽车燃料的首选生物制品，贵糖拟生产高附加值的能源酒精即"汽油醇"。由于年产20万吨"汽油醇"约需糖蜜100万吨，因此目前正在进行这方面的技术储备：一是量的放大，二是质的提高。

（3）实施低聚果糖生物工程、酵母精生物工程和 CMC（羧甲基纤维素钠）工程。这 3 项工程分别是对蔗糖分、糖蜜和蔗纤维的多样化再利用。

第六章　耕地轮作休耕制度与实用技术

中国传统农业注意节约资源，并最大限度地保护环境。通过精耕细作提高单位面积产量；通过种植绿肥植物还田、粪便和废弃有机物还田保护土壤肥力；利用选择法培育和保存优良品种；利用河流、池塘和井进行灌溉；利用人力和畜力耕作；利用栽培措施、生物、物理的方法和天然物质防治病虫害。因此，中国早期的传统农业既是生态农业，又是有机农业。但是，经过长期发展，我国耕地开发利用强度过大，一些地方地力严重透支，水土流失、地下水严重超采、土壤退化、面源污染加重已成为制约农业可持续发展的突出矛盾。当前，国内粮食库存增加较多，仓储补贴负担较重。同时，国际市场粮食价格走低，国内外市场粮价倒挂明显。利用现阶段国内外市场粮食供给宽裕的时机，在部分地区实行耕地轮作休耕，既有利于耕地休养生息和农业可持续发展，又有利于平衡粮食供求矛盾、稳定农民收入、减轻财政压力。在《中共中央关于制定国民经济和社会发展第十三个五年规划的建议》的说明中提出"关于探索实行耕地轮作休耕制度试点"的建议。下面对耕地轮作休耕制度进行分析研究。

第一节　实行轮作休耕制度的意义

实行耕地轮作休耕制度，对保障国家粮食安全，实现"藏粮于地""藏粮于技"，保证农业可持续发展具有重要意义。近年来，我国粮食产量"十三连增"，农民收入增长"十三连快"。然而在粮食连年增产的同时,我国也面临着资源环境的多重挑战,我国用全球8%的耕地生产了全球21%的粮食,但同时化肥消耗量占全球35%,粮食生产带来的水土流失、地下水严重超采、土壤退化、面源污染加重已成为制约农业可持续发展的突出矛盾。

中国农业科学院农业经济与发展研究所教授秦富指出,科学推进耕地休耕顺应自然规律,可以实现藏粮于地,也是践行绿色、可持续发展理念的重要举措,对推进农业结构调整具有重要意义。与此同时,国际粮价持续走低,国内粮价居高不下,粮价倒挂使得国内粮食仓储日益吃紧,粮食收储财政压力增大。这种情况也表明,适时提出耕地轮作休耕制度时机已经成熟。

中国社会科学院农村发展研究所研究员李国祥分析指出,耕地休耕不仅可以保护耕地资源,确保潜在农产品生产能力,同时利用现阶段国内外市场粮食供给宽裕的时机,在部分地区实行耕地轮作休耕,也有利于平衡粮食供求矛盾、稳定农民收入、减轻财政压力。轮作休耕将对农业可持续发展,对于促进传统农业向现代农业转变,建设资源节约型、环境友好型社会都具有重要意义。

农业农村部小麦专家指导组顾问、河南农业大学教授郭天财分析指出,目前我国大部分地区粮食生产一年两熟,南方多地一年三熟,土地长期高负荷运转,土壤得不到休养生息,影响了粮食持续稳产高产。

所以,在国际市场粮食价格走低、国内外市场粮价倒挂明显、国内外市场粮食供给宽裕的有利时机,在部分地区实行耕地轮作休耕,既有利于耕地休养生息和农业可持续发展,又有利于平衡粮食供求矛盾、稳定农民收入、减轻财政压力。

第二节 实行轮作休耕应注意的问题

一、轮作休耕要试点先行，科学统筹审批和监督

耕地轮作休耕是一项系统工程、长期工程，需要制定出一系列严格的配套措施，应创新好模式，试点先行，科学统筹推进，实行审批和监督制度，才能保证其顺利实施。

（一）把好审批关

对哪些耕地实行轮作，哪些耕地实行休耕，要制订科学的轮作休耕计划，明确休耕面积与规模。决定对哪些耕地实行轮作休耕时，要坚持产能为本、保育优先、保障安全的原则。对那些连年种植同一品种粮食的耕地进行全面统计，用科学的测量方法和评估方法进行分类，需要进行轮作的则实行轮作。应将长期种植水田作物（或旱田作物）的耕地改种其他作物，尽量实行水旱轮作。而对于那些处于地下水漏斗区、重金属污染区、生态严重退化地区的耕地，则要实行休耕制度，让这些耕地休养生息，实现农业可持续发展。

（二）把好监督关

休耕的目的是让耕地得到滋养，提高耕地的肥力，这就要求对休耕的土地进行有效的管理和监督，在休耕的土地上种植绿肥植物，培肥地力；在地力较差的地区采用秸秆还田办法，让土地形成有机肥，促进土壤有机质的改善，坚决杜绝将休耕的耕地大面积抛荒的现象。同时，在适合轮作的耕地上实行科学的轮作方式，保证在耕地轮作休耕期间能达到应有的目的。

（三）搞好耕地轮作休耕补偿

对确定轮作休耕的土地，要与农民签订好休耕协议，对休耕农民给予必要的粮食或现金补助，让休耕农民吃上定心丸。

一方面，要利用科学手段，对确定休耕的耕地实行动态性管理，防止出现不问地力如何而将一些不具备休耕条件的耕地列入休耕范围，造成耕地的大面积抛荒；另一方面，也要防止一些农民出于个人利益，不让自己承包的土地实行休耕。总之，要保证那些确定为休耕的耕地在急用之时能够产得出、用得上。

二、轮作休耕要避免"非农化"倾向

当前，耕地轮作休耕应如何试点推进，休耕是否意味着土地可以"非农化"？对于这一问题，在《关于〈中共中央关于制定国民经济和社会发展第十三个五年规划的建议〉的说明》中明确指出，"开展这项试点，要以保障国家粮食安全和不影响农民收入为前提，休耕不能减少耕地、搞非农化、削弱农业综合生产能力，确保急用之时粮食能够产得出、供得上"。同时，要加快推动农业走出去，增加国内农产品供给。耕地轮作休耕情况复杂，要先探索进行试点。

"休耕一定要避免非农化倾向，这是由我国基本国情和国内国际环境决定的"。我国人多地少的国情决定了粮食供需将长期处于"紧平衡"状态。我国也是一个资源禀赋相对不足的国家，随着人口增加、人民生活水平提高、城镇化加快推进，粮食需求将继续刚性增长，"紧平衡"将是我国粮食安全的长期态势；而从国际上看，受油价上涨、气候变暖、粮食能源化等因素影响，全球粮食供给在较长时间内仍将处于偏紧状态。

"休耕不是非农化，更不能让土地荒芜，可以在休耕土地上种植绿色植物，培肥土地，而在东北地区则可以采用秸秆还田办法，利用粉碎、深埋等技术形成有机肥，促进土壤有机质的改善提高"同时，轮作休耕离不开科技支撑。从科技角度讲，采取耕地轮作制度可以减轻单一物种种植带来的土壤污染和资源消耗等问题，对于解决南方部分土壤重金属污染具有重要作用，可以在未来试点中逐步推进。

三、轮作休耕应科学统筹推进

在大力发展现代农业的同时，实施轮作休耕制度，在我国仍是一个新生事物，未来如何科学推进成为值得关注的问题。这一制度可以在哪些区域先行推进？对此，在《关于〈中共中央关于制定国民经济和社会发展第十三个五年规划的建议〉的说明》中明确指出，"实行耕地轮作休耕制度，国家可以根据财力和粮食供求状况，重点在地下水漏斗区、重金属污染区、生态严重退化地区开展试点，安排一定面积的耕地用于休耕，对休耕农民给予必要的粮食或现金补助"。

"轮作休耕制度要与提高农民收入挂钩，这离不开政策支持和补贴制度。科学制定休耕补贴政策，不仅有利于增加农民收入，还可促进我国农业补贴政策从'黄箱'转为'绿箱'，从而更好地符合 WTO 规定"。现阶段实施轮作休耕制度必须考虑中国国情，大面积盲目休耕不可取，而是要选择生态条件较差、地力严重受损的地块和区域先行，统筹规划，有步骤推进，把轮作休耕与农业长远发展布局相结合。也可制订科学休耕计划，明确各地休耕面积和规模，与农民签订休耕协议或形成约定，还可探索把休耕政策与粮食收储政策挂钩，统筹考虑，从而推进休耕制度试点顺利推进。

第七章 作物的间作套种技术

生产实践证明,实行科学的间套种植,既是生态农业,也是一种良好的农业生态环境保护方式,需要因地制宜,科学发展。曾获诺贝尔奖的美国农业科学家布劳格认为,间套种植是"创造了世界上已知的最惊人的变革之一"。

第一节 间套种植的概念与意义

间套种植是我国农民在长期生活实践中,逐步认识和掌握的一项增产措施,也是我国农业精耕细作传统的一个重要组成部分。生产实践证明,由于人均耕地不断下降,耕地后备资源有限,靠扩大种植面积增加农作物总产的潜力甚小,而提高单一作物的产量,又受品种与作物的本身生理机制和现有科技水平等条件的限制,因此,在农业资源许可的情况下,运用间套种植方式,充分利用空间和时间,实行立体种植,就成为提高作物单位面积产量和经济效益的根本途径。立体间套种植的发展与农业生产条件和科学技术水平密切相关,随着生产条件的改善和科学技术水平的提高,立体间套种植面积逐渐扩大,种植方式不断增添新的类型,推动了耕作制度的改革和发展。20世纪70年代以来,农村广泛实行了家庭联产承包责任制,间套种植技术得到了更快的发展,广大农民在实践中创造了许多行之有效的立体种植模式,出现了一大批依靠种植业获得高经济效益的典型,展现了间作套种技术的广阔前景。

间套种植是相对单作而言的。单作是指同一田块内种植一

第七章 作物的间作套种技术

种作物的种植方式。如大面积单作小麦、玉米、棉花等。这种方式作物单一，耕作栽培技术单纯，适合各种情况下种植，但不能充分发挥自然条件和社会经济条件的潜力。

间作是指同一块地里成行或带状（若干行）间隔地种植两种或两种以上生长期相近的作物。若同一块地里不分行种植两种或两种以上生长期相近的作物则称为混作。间作与混作在实质上是相同的，都是两种或两种以上生长期相近的作物在田间构成复合群体，只是作物具体的分布形式不同。间作主要是利用行间空间；混作主要是利用株间空间。间作因为成行种植，可以实行分别管理，特别是带状间作，便于机械化和半机械化作业，既能提高劳动生产率，又能增加经济效益。

套种则是指两种生长季节不同的作物，在前茬作物收获之前，就套播后茬作物的种植方式。此种种植方式，可使田间两种作物，既有构成复合群体共同生长的时间，又有某一种作物单独生长的时间；既能充分利用空间，又能充分利用时间，是从空间上争取时间，从时间上充分利用空间，是提高土地利用率、充分利用光能的有效形式，这是一种较为集约化的种植方式，对作物搭配和栽培管理的要求更加严格。

在作物生长过程中，单作、混作和间套作构成作物种植的空间序列；单作、套作和轮作构成作物种植的时间序列。两种序列结合起来，科学的综合运用是种植制度的高速发展，也是我国农业发展的宝贵经验。为此，应该不断地深入调查研究，认真总结经验教训，反复实践，不断提高，使立体间套种植在现代化农业进程中发挥更大的作用。

正确运用立体间套种植技术，既可充分利用土地、生长季节和光、热、水等资源，巧夺天时地利，又可充分发挥劳力、畜力、水、肥等社会资源作用，从而达到高效的目的。我国的基本国情是人多地少，劳动力资源丰富，随着人口的不断增加，人均耕地相应减少，而人们对粮食和农产品的需求量却在日益增加,这就需要人们把传统农业的精华与现代化农业科学技术结合起来,赋予立体间套种植以新的时代内容,使其为现代化农业服务。当前出现的许多新的高产高效立体间套模式,已经向人们展示了传统农业的精耕细作与现代化农业科学技术相结合的美好前景,特别是在人口密集、劳动力充裕、集约化经营、社会经济条件和自然经济条件较为优越的农区,立体间套种植将是提高土地生产率的最有效措施之一。因此,立体间套种植在农业现代化的发展中,仍具有强大的生命力和深远的意义。

第二节　间套种植的增产机理

作物间套种植是人们在认识自然过程中,模拟自然群落的成层规律和演绎规律,逐步在农业生产实践中创造的形式多样的人工复合群体。间套种植的群落中包含有种内关系,也有种间关系,有同时共生的作物之间的关系,也有时间上前后接茬作物之间的关系。概括而言,就是两种或两种以上作物的竞争与互补关系。在农业生产中,只看到作物间套种植的互补关系而看不到竞争关系,或者只看到竞争关系而看不到互补关系,都是片面的,都不利于农业生产水平的提高,全面地研究与了解作物间套种植竞争与互补关系及其机理,有助于选择适宜的高产复合群体和制定相应的农业调控措施。只有根据当地生产条件,尽可能地协调好竞争关系,充分发挥其互补作用,巧妙地利用自然规律,充分利用土地、阳光和季节,减少竞争,趋利避害,农业生产水平才能得到不断提高,农业生产效益才能不断增加。

一般认为立体间套种植有以下 4 个增产效应。

一、空间互补效应

在作物间套种植复合群体中,不同作物的高矮、株型、叶形、叶角、分枝习性、需光特性、生育期等各不同。一是通过合理搭配种植，增加复合群体的总密度，能够充分利用空间，增加截光量和侧面受光，减少漏光与反射，改善群体内部的受光状况；二是通过不同需光特性作物的搭配（如喜光作物与耐阴作物搭配），可实现光的异质互补；三是通过不同生育期作物的搭配，可提高光热资源利用率。一般较为理想的复合群体表现为，上部叶片上冲，株型紧凑，喜强光；下部叶子稠密，叶片平伸，适应于较低光强，这样的群体可获得良好空间互补效应。

如玉米与矮秆豆类作物间套构成的复合群体，叶面结构镶嵌，变单种的平面受光为立体受光，增加了同化层的受光面积，间作玉米侧面受光量明显增加，从而延长了作物的光合作用时间，增加光合产物的合成和积累。据河北农业大学1984年研究，玉米大豆间作，间种玉米61.4%~73.6%的叶面积位于距地面80~20厘米处，间种大豆71.5%~92.4%叶面积位于40~100厘米处，构成镶嵌分布的叶层结构。而且间种玉米消光系数为0.40，小于单种玉米消光系数0.50，使群体中、下部光量增加。从拔节至乳熟期，间种玉米叶片净同化率平均为8.08克／（平方米·日），高于单作玉米7.15克／（平方米·日）。另据中国农业大学测定，玉米、大豆间作平均透光率比单作玉米高10%~20%。

在复合群体中，作物有互补也有竞争。互补与竞争的特殊表现形式是边际效应，有边行优势也有边行劣势。一般种植在边际的高位作物，由于通风透光和营养条件较好，因而可产生边行优势。边行劣势一般在间套种植中处于高位作物下的矮作物上表现，其减产幅度决定于高位作物的高度和密度、矮作物的高度与高作物的距离、矮作物自身特性等。生产中要尽可能发挥边行优势，尽量减少边行劣势。

二、时间互补效应

立体间套种植能争取农时季节,相对地增加了作物的生长期和积温,不仅可以充分利用环境资源,而且可以调剂农活。采取错期播种办法,使不同间套种植作物吸水高峰错开,可以减缓竞争,合理利用环境资源,提高产量。据调查,黄淮海平原套作玉米比复种玉米至少可以增加有效积温 400~650℃·日,并能把原来的早熟或中熟夏玉米品种更换为生育期更长、增产力更大的中熟或晚熟品种,充分发挥品种增产优势,而且全年积温保证率可达 90%~97%。

三、土壤资源互补效应

作物立体间套种植不仅能充分利用地力,在一定程度上还有养地的效果。一是不同作物根系类型及分布特点有差异。一些作物根系扎得深,分布广,吸收能力强;一些作物扎根浅,分布集中,相对来说吸收力较差。如玉米、西瓜、棉花等作物根系较深,分布在 40~50 厘米表土层,而小麦、花生、白菜、芝麻、大豆、甘薯等作物根系密集,且分布浅,集中分布在 15~30 厘米土层中。因此,不同作物吸收不同层次土壤养分为间套种植提供了理论依据。二是不同作物或同一作物不同的生育阶段,吸收水、肥的能力及对水、肥的需求量以及吸肥的种类存在差异,如禾谷类作物需要氮素多而需磷、钾素相对较少,且需肥比较集中;豆类作物吸收氮素少而需磷、钾素较多;瓜菜类需氮钾较多且需求量较大。三是作物残茬的差异。各种作物残留物在质与量上均有明显差异,如豆类作物具有固氮根瘤菌,其破裂根瘤、残枝落叶、分泌物留于土壤中,不仅有益于间套种植作物的生长,而且可以培肥地力。四是不同作物根系分泌物及相互作用效应不同。每种作物在生长中都产生一些代谢物,通过挥发、淋洗、根分泌、残体分解等方式释放于周围环境中,对临近作物或下茬作物生长产生促进或抑制作用，某些分泌物甚至可以消除病虫、抑制杂草等。

四、作物适应性互补效应

各种作物对病虫及恶劣气候的适应能力不同。一般来说，单作抗御自然灾害的能力低，而根据各种作物抗逆力和适应性的差异，合理地进行间套种植，可以发挥互补作用，最大限度地减轻灾害造成的损失。在生产实践中，复合群体绝对的互补是很难找到的，往往是竞争与互补同时存在，但合理的竞争常会带来有益的互补，在一般情况下，作物间套种植的产量常介于单作种植时的高、低产量之间，即比高产作物单作产量低，比低产作物单作产量高，但总产高于单作联合产量。如果作物合理搭配，优化种植方式，可压低竞争损失，从而使间套种植产量不仅高于单作联合产量，而且也可高于高产作物的单作产量。

第三节 作物间套种植应具备的基本条件

作物立体间套种植方式在一定季节内单位面积上的生产能力比常规种植方式有较大的提高，对环境条件和营养供应的要求较高，只有满足不同作物不同时期的需要，才能达到高产高效的目的。在生产实践中，要想搞好立体间套种植，多种多收，高产高效，必须具备和满足一定的基本条件。

一、土壤肥力条件

要使立体间套种植获得高产高效，必须有肥沃的土壤作为基础。只有肥沃的土壤、水、肥、气、热、孔隙度等因素的协调，才能很好地满足作物生长发育的要求，从结构层次看，通常壤质或上层壤质下层稍黏为好，并且耕作层要深厚，以3厘米左右为宜，土壤中固、液、气三相物质比例以 1∶1∶0.4 为宜，土壤总孔隙度应在 55% 左右，其中，大孔隙度应占 15%，小孔隙度应占 40%。土壤容重值在 1.1~1.2 为宜。土壤养分含量要充足。一般有机质含量要达到 1% 以上，全氮含量要大于 0.08%，全磷含量要大于 0.07%，其中速效磷含量要大于 0.002%。全钾含量应在 1.5% 左右，速效钾含量应达到 0.015%。另外，作物需要的微量元素也不能缺乏。

同时，高产土壤要求地势平坦，排灌方便，能做到水分调节自由。土壤水分是土壤的重要组成部分，也是土壤中极其活跃的因素，除它本身有不可缺少的作用外，还在很大程度上影响着其他肥力因素。第一，土壤水分影响着土壤的养分释放、转化、移动和吸收；第二，土壤水分影响着土壤的热量状况，土壤水分多，土壤空气就少，通气不良，反之亦然；第三，土壤水分影响着土壤的热量状况，因为水的热容量比土壤热容量大；第四，土壤水分影响土壤微生物的活动，从而影响土壤的物理机械性和耕性。因此，土壤不仅本身能供给作物吸收利用，而且还影响和制约着土壤肥、气、热等肥力因素和生产性能。所以，在农业生产中要求高产土壤地势平坦、排灌方便、无积水、无漏灌现象，能经得起雨水的侵蚀和冲刷，蓄水性能好。一般中小雨不会流失，大雨不长期积存，若能较好地控制土壤水分，努力做到需要多少就能供应多少，既不多给也不少供，是作物高产高效的根本措施。

二、水资源条件

目前，对水资源定义的内容差别较大，有的把自然界中的各种形态的水都视为水资源；有的只把逐年可以更新的淡水作为水资源。一般认为水资源总量是由地表水和地下水资源组成的。即河流、湖泊、冰川等地表水和地下水参与水循环的动态水资源的总和。

世界各地自然条件不同，降水和径流差异也很大。我国水资源受降水的影响，其时空分布具有年内、年际变化大以及区域分布不均匀的特点。全国平均年降水总量为 61 889 亿立方米，其中，45%的降水转化为地表和地下水资源，55%被蒸发和蒸散。降水量夏季明显多于冬季，干湿季节分明，多数地区在汛期降水量占全年水量的 60%~80%。总的情况是全国水资源总量相对丰富，居世界第六位，但人均占有量少，人均年水资源量为 2 580 立方米，只相当于世界人均水资源占有量的 1/4，居世界第 110 位，是世界上 13 个贫水国之一。另外，因时空分布不均匀，导致我国南北方水资源与人口、耕地不匹配。南方水资源较丰富，北方水资源较缺乏。而北方耕地面积占全国耕地面积的 3/5，水资源量却只占全国的 1/5，从全球来看，70%左右的用水量被农业生产所消耗，我们要搞立体农业，首先要改善水资源条件，特别是在北方农业区，只有在改善了水资源条件的基础上，才能大力发展立体农业；要在搞好南水北调大型水利工程前提下，开展节水农业的研究与示范，走节水农业的路子，集约化农业才能持续稳步发展。

三、劳动力与科学技术水平条件

农作物间套种植是两种或两种以上作物组成的复合群体，群体间既相互促进，又相互竞争，高产高效的关键是发挥群体的综合效益。因此，栽培管理的技术含量高，劳动用工量大，时间性强，所以，农作物立体间套种植必须有充足并掌握一定的农业科学技术的劳动力，否则，可能造成多种不多收，投入大产出少的不良后果。

科学技术是农业发展的最现实、最有效、最具潜力的生产力。特别是搞间套种植生产更需要先进的、综合的农业科学技术来支撑。世界农业发展的历史表明，农业科技的每一次重大突破，都带动了农业的发展。20 世纪 70 年代的"绿色革命"，大幅度地提高了世界粮食生产水平，20世纪80年代取得重大进展的生物技术和90年代快速发展的信息技术被应用到农业上，使世界农业科技的一些重要领域取得了突破性进展。进入21世纪，知识经济与经济全球化进程明显加快，科技实力的竞争已成为世界各国综合国力竞争的核心。面对人口持续增长、耕地面积逐年减少、人民生活水平逐步提高这三大不可逆转的趋势，新形势下要加快农业的发展，实现农业大国向农业强国的历史性跨越，我们必须不失时机地大力推进农业科技进步，从而带动立体间套农业生产的发展。

推进农业科技进步，要进一步深化科技体制改革，要按市场来配置科研资源，提高资源运行效率。按照自然区划逐步形成一批符合地域资源特色、产业开发特色的农业研究开发中心、农业试验站，创办各类科技示范点。建立多元化的农业科技推广服务体系，促进农业科技成果产业化，解决农业科技与经济脱节问题。要进一步加强对农业科技发展方向与重点的战略性调整。根据现代农业发展的必然趋势和我国经济发展的现实要求以及国际经济竞争的时代特征，农业科技的发展方向与重点应进行适应性和战略性调整，从注重农业数量增长转向注重农业整体效益的提高；从为农业生产服务为主转向为生产、加工、生态协调发展服务；从以资源开发技术为主转向资源开发技术与市场开拓技术相结合；从面向国内市场提供服务转向面向国内、国际两个市场提供技术服务。农业科技要围绕发展优质、高产、高效、安全、生态农业，加强农产品质量标准体系和质量监测体系的研究，提升我国农业的国际竞争力水平。要进一步加强农业科研攻关，提高农业科技创新能力。农业科技创新形成生产力，一般体现于物化形式之中。而且任何一项技术措施，随着本身的不断改进、创新，其增产效益和作用不断提高，从而可为农业生产发展开辟更广阔的前景。要进一步加强农业科技与农业产业化的有机结合和相互促进。要多渠道、多层次增加对农业科技的投入，更要大力加强农业科技队伍建设，培养和造就大批高素质的农业科技人才。世界已经进入信息时代，经济全球化趋势日趋加快，知识经济初见端倪，创新浪潮在全球涌动，生产社会化程度不断提高，以知识创新为特征的新经济正在蓬勃兴起。特别是创新型人才，已经成为生产力发展的核心要素，要下大力气改善人才队伍结构，加大中青年人才选拔培养力度，充分发挥中青年科技人才的积极性和创造性，为立体间套农业服务。

第四节　农作物间套种植的技术原则

农业生产过程中存在着自然资源优化组合和劳动力资源的优化组合的问题。由于农业生产受多种因素的影响和制约，有时同样的投入会得到不同的收益。生产实践证明，粗放的管理和单一的种植方式谈不上优化组合自然资源和劳动力资源，恰恰会造成资源的浪费，搞好耕地栽培制度改革，合理地进行茬口安排，科学地搞好立体间套种植才能最大限度地利用自然资源和劳动力资源。作物立体间套种植，有互补也有竞争，其栽培的关键是通过人为操作，协调好作物之间的关系，尽量减少竞争等不利因素，发挥互补的优势，提高综合效益，其中，要研究在人工复合群体中，分层利用空间、延续利用时间以及均匀利用营养面积等。总的来说，栽培上要搞好品种组合、田间的合理配置、适时播种、肥水促控和田间统管工作。

一、合理搭配作物种类

合理搭配作物种类，首先要考虑对地上部空间的充分利用，解决作物共生期争光的矛盾和争肥的矛盾。因此，必须根据当地的自然条件、作物的生物学特征合理搭配作物，通常是"一高一矮""一胖一瘦""一圆一尖""一深一浅""一阴一阳"的作物搭配。

"一高一矮"和"一胖一瘦"是指作物的株高与株型搭配，即高秆与低秆作物搭配，株型肥大松散、枝叶茂盛、叶片平展生长的作物与株型细瘦紧凑、枝叶直立生长的作物搭配，以形成分布均匀的叶层和良好的通风透光条件，既能充分利用光能，又能提高光合效率。

"一圆一尖"是指不同形状叶片的作物搭配。即圆叶形作物（如豆类、棉花、薯类等）和尖叶作物（多为禾本科）搭配。这里豆科与禾本科作物的搭配也是用地养地相结合的最广泛的种植方式。

"一深一浅"是指深根系与浅根系作物的搭配，可以充分利用土壤中的水分和养分。

"一阴一阳"是指耐阴作物与喜光作物的搭配，不同作物对光照强度的要求不同，有的喜光、有的耐阴，将两者搭配种植，彼此能适应复合群体内部的特殊环境。

在搭配好作物种类的基础上，还要选择适宜当地条件的丰产型品种，生产实践证明，品种选用得当，不仅能够解决或缓和作物之间在时间上和空间上的矛盾，而且可以保证几种作物同时增产，又为下茬作物增产创造有利条件。此外，在选用搭配作物时，应注意挑选那些生育期适宜、成熟期基本一致的品种，便于管理、收获和安排下茬作物。

二、采用适宜的配置方式和比例

搞好立体间套种植，除必须搭配好作物的种类和品种外，还需安排好复合群体的结构和搭配比例，这是取得丰产的重要技术环节之一。采用合理的种植结构，既可以增加群体密度，又能改变通风透光条件，是发挥复合群体优势、充分利用自然资源和协调种间矛盾的重要措施。密度是在合理种植方式的基础上获得增产的中心环节，复合群体的结构是否合理，要根据作物的生产效益、田间作业方式、作物的生物学性状、当地自然条件以及田间管理水平等因素妥善地处理配置方式和比例。

带状种植是普遍应用的立体间套种植方式。确定耕地带宽度时，应本着"高要窄，矮要宽"的原则，要考虑光能利用，也要照顾到机械作业。此外，对相间作作物的行比、位置排列、间距、密度、株行距等均应做合理安排。

带宽与行比主要决定与作物的主次、农机具的作业幅度、地力水平以及田间管理水平等。一般要求主作物的密度不减少或略有减少，而保证主作物的增产优势，达到主副作物双丰收，提高总产的目的。

间距指的是作物立体间套种植时两种作物之间的距离。只有在保持适当的距离时，才能解决作物之间争光、争水、争肥的矛盾，又能保证密度，充分利用地力。影响间距的因素有带的宽窄、间套作物的高度差异、耐阴能力、共生期的长短等。一般认为宽条带间作，共生期短，间距可略小，共生期长，间距可略大。

对间套种植中作物的密度不容忽视，不能只强调通风透光而降低密度。与单作相比，间套种植后，总密度是应该增加的。各种作物的密度可根据土壤肥力及"合理密植"部分所介绍的原则来确定。围绕适当放宽间距、缩小株距、增加密度，充分发挥边行优势，提高光、热、气利用的原则，各地总结出了"挤中间、空两边"和"并行增株""宽窄行""宽条带""高低垄间作"等很多经验。

三、掌握适宜的播种期

在立体间套种植时，不同作物的播种时期直接影响了作物共生期的生育状况。因此，只有掌握适宜播期，才能保证作物良好生长，从而获得高产。特别是在套作时，更应考虑适宜的播种期，套作过早，共生期长，争光的矛盾突出；套作过晚，不能发挥共生期的作用。为了解决这一矛盾，一般套作作物必须掌握"适期偏早"的原则，再根据作物的特性、土壤墒情、生产水平灵活掌握。

四、加强田间综合管理，确保全苗壮苗

作物采用立体间套种植，将几种作物先后或同时种在一起组成的复合群体管理要复杂得多。由于不同作物发育有早有迟，总体上作物变化及作物的长相、长势处于动态变化之中，虽有协调一致的方面，但一般来说，对肥、水、光、热、气的要求不尽一致，从而构成了矛盾的多样性。作物共生期的矛盾以及所引起的问题，必须通过综合的田间管理措施加以协调解决，才能获得全面增产，提高综合效益。

运用田间综合管理措施，主要是解决间套种植作物的全苗、前茬收获后的培育壮苗以及促使弱苗向壮苗转化等几个关键问题。套种作物全苗是增产的一个关键环节。在套种条件下，前茬作物处于生长后期，耗水量大，土壤不易保墒，此时套种的作物，很难达到一播全苗。所以，生产中要通过加强田间管理，满足套种作物种子的出芽、出苗的条件，实现一播全苗。

在立体间套种植田块，不同的作物共生于田间，存在互相影响、相互制约的关系，如果管理跟不上或措施不当，往往影响前、后作物的正常生长发育，或顾此失彼，不能达到均衡增产。因此，必须要有科学的管理，才能实现优质、高产、高效、低成本。套种作物的苗期阶段，生长在前茬作物的行间，往往由于温、光、水、肥、气等条件较差，长势偏弱，而科学的管理就在于创造条件，促强转弱，克服生长弱、发育迟缓的特点。套种作物共生期的各种管理措施都必须抓紧，适期适时地进行间苗、中耕、追肥、浇水、治虫、防病等。管理上不仅要注意前茬作物的长势、长相，做到两者兼顾，更要防止前茬作物的倒伏。前茬作物收获后，套种作物处于优势位置，充分的生长

空间，充足的光照，田间操作也方便，此时是促使套种作物由弱转强的关键时期，应抢时间根据作物需要，以促为主加强田间管理，克服"见粒忘苗"的错误做法。如果这一时期管理抓不紧，措施不得当，良好的条件就不能被充分利用，套种作物的幼苗就不能及时得以转化，最终会影响间套种植的整体效益。所以，要使套种作物高产，前茬收获后一段时间的管理是极为重要的。

五、增施有机肥料

农作物间套种植，产出较多，对各种养分的需要增加，因此，需要加强养分供应，以保证各种作物生长发育的需要。有机肥养分全、来源广、成本低、肥效长，不仅能够供应作物生长发育需要的各种养分，而且还能改善土壤耕性，协调水、气、热、肥力因素，提高土壤的保水保肥能力。有机肥对增加作物营养、促进作物健壮生长、增强抗逆能力、降低农产品成本、提高经济效益、培肥地力、促进农业良性循环有着极其重要的作用，增施有机肥料是提高土壤养分供应能力的重要措施。有机肥中含氮、磷、钾大量营养元素以及植物所需的各种营养元素，施入土壤后，一方面经过分解逐步释放出来，成为无机状态，可使植物直接摄取，提供给作物全面的营养，减少微量元素缺乏症。另一方面经过合成，部分形成腐殖质，促使土壤中生成各级粒径的团聚体，可贮藏大量有效水分和养分，使土壤内部通气良好，增强土壤的保水、保肥和缓冲性能，供肥时间稳定且长效，能使作物前期发棵稳长，使营养生长与生殖生长协调进行，生长后期仍能供应营养物质，延长植株根系和叶片的功能时间，使生产期长的间套作物丰产丰收。

施用有机肥，一方面不但能提高农产品的产量，而且还能提高农产品的品质，净化环境，促进农业生产的良性循环；另一方面还能降低农业生产成本，提高经济效益。所以，搞好有机肥的积制和施用工作,对增强农业生产后劲、保证立体间套高效农业健康稳定发展,具有十分重要的意义。

六、合理施用化肥

在增施有机肥的基础上,合理施用化学肥料,是调节作物营养、提高土壤肥力、获得农业持续高产的一项重要措施。但是,盲目地施用化肥,不仅会造成浪费,还会降低作物的产量和品质。应大力提倡经济有效地施用化肥,使其充分有效发挥化肥效应,提高化肥的利用率,降低生产成本,获得最佳产量。

七、应用叶面肥喷肥技术

叶面喷肥是实现立体间套种植的重要措施之一。一方面间套种植,生产水平较高,作物对养分需要量较多;另一方面作物生长初期与后期根部吸收能力较弱,单一由根系吸收养分已不能完全满足生产的需要。叶面喷肥作为强化作物营养和防治某些缺素症的一种施肥措施,能及时补充营养,可较大幅度地提高作物产量,改善农产品品质,是一项肥料利用率高、用量少而经济有效的施肥技术措施。生产实践证明,叶面喷肥技术在农业生产中有较大增产潜力。

八、综合防治病虫害

农作物间套种植,在单位面积上增加了作物类型,延长了土壤负载期,减少了土壤耕作次数,也是高水肥、高技术、高投入、高复种指数的融合;从形式上融粮、棉、油、果、菜各种作物为一体,利用了它们的时间差和空间差,组成了多作物、多层次的动态复合体,从而就有可能促进或抑制某种病虫害的滋生和流行。为此,对立体间套种植病虫害的防治,在坚持"预防为主,综合防治"的基础上,应针对不同作物、不同时期、不同病虫种类采用"统防统治"的方法,利用较少的投资,控制有效生物的影响,并保护作物及其产品不受污染和侵害,维护生态环境。

总之,农作物间套种植病虫害的防治应在重施有机肥和平衡施肥的基础上,积极选用抗病虫害的品种,从株型上和生育时期上严格管理,以期抗虫和抗病。管理上,加强苗期管理,采取一切措施保证苗全、苗齐、苗壮,并注重微量元素的喷施,解决作物缺乏营养元素问题。从而达到抗病抗虫,减少化学农药施用量的目的。中后期,防治重心应以重点性、重发性病虫害防治为主线,采取人工的、机械的、生物的、化学的方法去控制病虫害的发生。

第五节 间套种植模式应不断完善与发展

间套种植与一般的农业技术相比,涉及的因素很多,技术上比较复杂,有其特殊之处。随着我国农业生产的发展,尤其是在建设现代化农业的过程中,应当正确地认识和运用这项技术。在实际运用过程中,要因地制宜,充分利用当地自然资源,并结合各个地区不同特点不断地进行完善,真正在实现高产高效的同时,保护好生态环境。

一、因地制宜,充分利用自然资源

因地制宜是农业生产的一项基本原则,立体间套高产高效种植模式在具体运用过程中,也必须遵循这一原则。其一,各种种植模式都是由不同种植模式构成的复合群体,既利用有利的种间生物学关系,充分利用自然资源提高生产效率的可能性,同时,也往往包含着不利于增产的因素,并且不同的种植模式又各有其特点,各有自身的适应范围和需要的条件。所以,在具体运用过程中,必须结合当地实际,深入细致地研究其特点,获得理想的效果。其二,立体间套高产高效种植模式的应用,必须强调与当地土壤肥力和水肥条件相适应，只有这样才能充分发挥间套种植的优势，充分利用光能和提高生产效率的潜力。其三，在选择立体间套高产高效种植模式时，要综合考虑当地的农业生产条件、土壤肥力水平、劳动力的素质和数量以及产业优势，以充分利用自然资源。

二、不断创新和完善发展间套种植技术

任何事物都处于不断发展变化之中，间套高产高效种植模式也同样要在实践中进一步创新发展和完善。在创新发展和完善的过程中，要重点考虑4个方面的问题：第一，加强理论研究。深入研究立体间套种植作物种间和种内的相互关系，表现在地上部和地下部的边际效应；在重视对光能的利用效应研究的同时，加强对间套种植在不同条件下对土壤肥力的要求和影响的研究。第二，把间套种植与精耕细作和现代农业科学技术有机结合起来。第三，正确处理间套种植与农业机械化的关系。农业机械化是现代农业的重要内容，间套种植模式的发展必须与农业机械化相适应，在提高土地产出率的同时，提高劳动生产率。第四，及时总结农民群众的实践经验。在现代农业的发展中，农民的科技意识不断增强，在种植实践中创造了许多新的间套种植模式，成为间套种植技术不断发展的重要源泉。农业科技工作者要及时总结农民群众的实践经验，并加以科学地改进和提高。

第八章　农田残膜污染治理行动

　　农用塑料薄膜（以下简称农膜）已经成为农业生产中的一种重要的生产资料，它的出现被称为农业技术史上的一次"白色革命"。它不仅有利于农作物产量以及劳动生产效率的提高，有效缩短农作物生长的时间，调整作物的生长季节，使作物能够在非传统的种植区域种植；而且也为农产品贮藏提供了新的方法。20世纪以来，农膜在不同部门都有非常广泛的应用，一开始只是用在育苗和播种，到后来逐渐发展到各个领域，广泛应用于蔬菜、水果、园艺及花卉的贮藏等领域。

　　伴随着我国农膜需求和生产的逐渐增加，废旧农膜的数量也与日俱增，然而它的回收率却很低，还不到15%。废旧农膜由于太薄，容易被风吹得四处飘荡，农民用手工拾捡难度较大。大量废旧农膜被随意丢弃，严重影响了农村环境卫生，造成资源浪费；此外，大量农膜被撕掉以后留在地上，农膜残留在地里很长时间都不会腐烂而影响土质，从而阻碍农作物吸收水分和养分，不利于农作物的生长发育。统计表明，连续使用农膜2年以上的麦田，每公顷残留农膜碎片103.5千克，小麦减产约9%，连续使用5年的小麦田，每公顷残留农膜碎片达375千克，小麦减产26%。废旧农膜对环境的污染与日俱增，在很大程度上阻碍了农业的可持续发展，威胁农民收入的增加，给大多数农民带来了烦恼。因此，加强废旧农膜的回收利用，防治白色垃圾污染，是现阶段一项不容忽视的工作。

第一节　残膜回收技术的背景

一、地膜覆盖技术

地膜覆盖种植技术是一种改善和优化栽培条件，克服不良条件影响，取得早熟、高产、优质和高效的先进农业种植技术。基于它的诸多优点，该技术已在许多国家得到广泛的应用。日本是世界上研究和应用地膜覆盖种植技术最早的国家之一，始于20世纪50年代初，在日本，地膜覆盖种植技术的应用种类多、普及速度快。美国虽然在覆盖作物的种类与面积上不及日本，但在地膜覆盖种植技术的研究及新覆盖材料的开发方面也做了大量的工作。欧洲的英、法、德等国家也非常重视地膜覆盖种植技术，他们为之付出了很多努力，也得到了丰厚的回报。

我国于1978年由农业农村部通过对外交流从日本引进了这一新兴的地膜覆盖种植技术。起初，我国将该技术主要用于附加值高的蔬菜，后来开始应用于棉花、花生等经济作物。地膜覆盖种植技术在我国应用起步较日本和欧美发达国家晚了20年，但在推广应用过程中十分注意从中国国情出发，不断发展和完善我国地膜覆盖种植技术，在应用实践上较国外有重大发展。

地膜覆盖种植技术可使有效积温增加 150~180℃·日，不但相对延长了作物的生长期，而且可以起到抑制杂草生长的作用，广泛用于中晚熟品种，使产品的产量大幅提高。同时，使各种作物的适种面积扩大，可有效利用土地资源。地膜覆盖能使作物根系扎深，也是一种抗旱措施，对于有效利用水资源，发展我国的旱地农业有着重要的战略意义。据统计，1986年我国地膜覆盖种植面积已跃居世界第一位。目前，新疆仅棉花铺膜面积就达到 1 300 万亩，全区地膜覆盖面积已近 2 000 万亩，每年地膜用量超过9万吨，1979—2004年，全区农田累计用地膜达100万吨以上。

地膜覆盖技术是我国北方广泛推广使用的一项农业技术。该技术对农业生产的作用可以概括为以下几点。

（1）提高地温，使幼苗免受冻害，并可提前播种，延长了作物生长期，提高作物品质与产量。

（2）防止水分蒸发，提高作物的抗旱能力。

（3）除杂草，使作物少受杂草的侵害。

（4）保持土壤结构，使翻耕得到的土壤结构免受自然力的破坏。因此，地膜和种子、化肥、农药等已成为农民不可缺少的农业生产资料之一。

据试验统计，与露地种植比较，覆膜种植可使农作物早熟5~10天，在北方地温可提高2~4℃。膜内土壤水分耗散速度比膜外低0.9毫米/天，并可增加耕层土壤水分1%~4%，在干旱地区覆盖地膜后生产期可节约用水150~220毫米。据调查，采用铺膜种植技术后，玉米亩产可提高30%~80%，棉花亩产可提高30%~70%，增产效果非常明显。以2004年我国玉米种植为例，2004年我国玉米种植面积达2 000万公顷，如有20%应用这一技术，以亩产提高30%，约90千克估算，总产可增加540万吨，相当于增加120万公顷粮田。棉花种植面积为533万公顷，平均产量为60千克，若其中35%应用铺膜种植，以亩产增加20千克估算，总产量将会提高56万吨，等于增加56万公顷棉田，因此，地膜覆盖种植技术对我国农业生产起到了积极的作用。

二、残膜对环境的影响

我国地膜覆盖种植技术的应用已有30多年的历史，覆盖面积和使用量一直居世界第一位。随着地膜的大量使用，在提高作物产量的同时，也出现了地膜残留的问题。

(一) 残膜的危害

1. 残膜对土壤环境的危害

残膜影响土壤物理性状。土壤容重和比重随土壤中残膜量的增加而增加，而孔隙度和土壤中含水量则随残膜量的增加而减少。农膜材料的主要成分是高分子化合物，在自然条件下，这些高聚化合物难以分解，若长期滞留在土壤中会影响土壤的透气性，阻碍土壤水肥的运移。由于土壤中残膜碎片改变或切断土壤空隙的连续性，致使重力水移动时产生较大的阻力，重力水向下移动缓慢，而使水分的渗透量随着地膜的增加而减少，土壤含水量下降，削弱了耕地的抗旱能力，甚至导致地下水难以下渗，引起土壤盐渍化等严重后果；同时，残膜还会造成灌水不均匀和养分分配不均，影响土壤微生物活动和正常土壤结构的形成，最终降低土壤肥力水平。

2. 残膜对农作物生长的危害

由于残膜的影响破坏了土壤理化性状，造成作物根系生长发育困难，影响作物地上部分的生长。含有残膜的土壤阻止根系的生长，影响水分和养分的正常吸收；作物施肥时，大块的残膜隔水隔肥，影响肥效，致使产量下降，造成烂种、烂苗现象。专家对农作物的产量统计分析指出：残膜不同程度地降低作物的产量，减产幅度为玉米 11%~13%、小麦 9%~10%、水稻 8%~14%、大豆 5.5%~9%、蔬菜 14.5%~59.2%。同时，地膜种植地在春耕后有大量的残茬、残膜等杂物遗留在地表及表层土内。地表的残茬划伤或刺破地膜，使地膜保墒增温性能变差。

3. 残膜对农机作业的影响

在农机具进行耕地、整地、播种等作业时，残膜缠绕农机工作部件，严重影响机械作业效率和作业质量。特别是机械采棉时，残膜碎片被吸入棉箱，与棉花混杂，不但影响了棉花质量,而且残膜易缠绕采棉机摘锭,使采棉机不能正常作业,甚至引发火灾。

(二) 残膜污染的原因

1. 农膜质量较差

国产农膜强度低,耐用性差,使用寿命短,其主要原因是农膜的熔融指数(Ⅶ)偏高,如国外制作棚膜的树脂MJ仅为0.5~1G/10分,而国内用料大多为2.6~3.4G/10分,甚至有的高达7G/10分。一些不宜用作农膜的树脂(如耐老化性差的高密度聚乙烯)也被用作农膜原料,其用量占农膜用量的1/5,这些劣质农膜易破碎,不易清除,这是造成残膜污染的重要原因之一。

2. 残膜的环境管理薄弱

(1) 残膜清除率低。残膜清除率低的原因除了农膜质量问题外,还有人为因素。由于残膜收购价格太低,调动不起农民的积极性,人们只注意清理大张的残膜,而忽视了小片残膜,有些地方根本就不清理,因此残膜的清除效率极低。

(2) 法规体系不健全。我国尚未建立健全农膜环境方面的法规,也没有制定农膜在土壤中的残留标准,对于农膜的残留问题并没有引起有关部门的高度重视,土壤农膜污染实际上在生产中处于一种放任自流的状态。

(3) 污染面扩大,污染量增加。我国的农膜年产量达到百万吨以上,且呈10%的速度递增。随着农膜产量的增加,使用面积也在大幅度的扩展,据统计,我国农膜年残留量高达35万吨,残膜率42%。也就是说,有近一半的农膜残留在土壤中,这无疑是巨大的隐患。

3. 残膜污染的现状

地膜覆盖种植技术给农业、农民带来巨大的增产和经济效益的同时,也带来了许多负面影响。由于农用的地膜绝大多数是不可降解的聚乙烯或聚氯乙烯高分子化合物，使用后如不能及时回收和清理，在自然条件下很难分解，在土壤中可存在200~400年，在农业生产中尚没有价廉、环保的农膜可以替代。从推广铺膜种植到现在，我国耕地中的残膜累计量已超过上百万吨。据测定，某些地区每公顷田地里有残膜少则45~75千克，多则105~120千克，残地膜碎裂体多达3.3万~6.75万片。在许多地区，田间未回收的残膜被风吹起后，挂附在农田周围的篱笆、树枝、电杆上，飘到地头、路旁、沟边等处，对周围环境造成了严重污染。据调查，残膜主要残留在0~20厘米的农田浅耕层内，约占总残留量的80%，严重影响机械作业。残留废膜易缠绕犁铧，影响整地质量；大量残地膜还易堵塞播种机，造成播种不均匀，影响播种质量，也影响作物生长发育，从而降低作物产量。铺膜时间越长，地膜残留量越多，对作物的影响也越大，残地膜问题现已危害到农业的可持续发展和农民的增收。由此可见，治理残地膜的污染，不仅是保护农业生态环境和农业的可持续发展，也是地膜覆盖这一重要的农艺技术能否健康可持续发展的关键。

地膜残留不但会破坏土壤理化性状，而且会造成农作物根系生长发育困难，影响根系正常水分和养分的吸收，致使作物产量下降。据有关资料显示，种子如果播种在残膜上，则平均烂种率达到8.2%，烂芽率达到5.6%。在新疆地区，残膜导致棉花侧根比正常平均减少6.6条，2~3片真叶期棉苗因为残膜而缺水枯死的占6.5%，现蕾期推迟3~5天，株高降低5~11厘米，产量降低11.8%，最高可达22%。因此，只有加强对残膜进行及时回收，才能保证农作物的稳产高产。

残膜能否得到回收，直接关系到秸秆还田这项有利于改善土壤结构和增加地力的农艺措施的实施。秸秆还田是一项有利于改善土壤结构性状及物理性状，增加土壤有机肥含量的重要措施。但覆盖在地表上的残膜若得不到及时回收，粉碎的秸秆

第八章　农田残膜污染治理行动

将不能与土壤更好地融合，将延续秸秆的腐蚀速度，大大降低了秸秆还田应有的效果。

治理残留地膜污染是一个系统的工程，只有通过综合治理措施，才能从根本上解决这一难题。残留地膜污染主要是一种物理污染，可以通过提高地膜质量和强化回收等方法来减少或者避免。如使用生物降解和光降解地膜，解决污染问题；通过制定严格法规限制残留地膜污染，解决回收地膜的制度问题；使用标准膜，提高残膜的抗拉强度，解决研制残膜回收机具的技术难点等问题。但就我国农业人口多、农民收入低这一国情，如果强行推广使用降解地膜和增大地膜厚度，将增加农业生产成本，农民是无法接受的。因此，治理残留地膜污染主要是通过回收来限制其对农业的影响。

自地膜覆盖种植技术使用后不久，我国农机科研人员就开始进行残膜回收技术与机具的研究，经过十几年的努力，我国已研制出20多种残膜回收机，其中有几种较为成功。但从总体上看，残膜回收机具的推广应用还不尽如人意，其原因为：残膜回收是一项有益于社会而短期经济效益不明显的工作；此外，有些残膜回收机具存在结构复杂、可靠性低或者调整使用不方便等内在缺陷。

总之，残膜回收不仅是一个生态环境问题，而且还是一个社会问题。在残膜回收初期，其增产增收效果可能不太明显，但它对减少环境污染、保证农业可持续发展具有重要的现实意义，其长久的社会效益也是不言而喻的。

治理残膜污染、保护农田的生态环境将是地膜覆盖种植技术持续发展的关键所在。因此，强化农业生态环境保护意识，整治田间白色污染，使残膜能够有效回收已成为我们当前亟待解决的问题。

第二节　残膜的特性

一、田间地膜特性

在地表分布的情况主要包括以下两种：一种是相对比较完整的地膜，这部分地膜为压在两边土壤中的部分。铺膜时为了使整个地膜固定，将两边地膜压入土中，这部分地膜避免了阳光照射与风化，所以秋后收膜时，这部分地膜的强度依然很好，抗拉性较强，比较容易收起来。另一种地膜为地表残膜，包括根茬周围地膜和根茬间地膜，这部分地膜由于暴露在地表，经过较长时间的阳光照射，风化严重，比较脆弱，抗拉性较差，容易破碎。尤其是根茬周围地膜，存在破裂口，地膜受拉后容易从该处开始撕裂。

二、降解膜的发展

生物降解膜和光降解膜是通过改变地膜的化学组成成分，利用土壤生物及光合作用的原理来实现地膜的自然降解，减少或根除残留地膜对农业生产的影响。降解地膜露地部分一般在铺膜后 50 天左右达到初裂期，铺膜后 70 天左右达到大裂期，在作物收获后降解地膜基本上达到粉块状，再经过耕翻后露出地表的地膜可迅速降解。根据对降解膜在棉花栽培技术中的应用效果来看，降解地膜在初裂期与普通地膜相比，耕作层低温口平均增高 0.17~0.43℃，土壤含水量增加 2%~4%，随着降解地膜的进一步分解，其增温保湿性将逐步低于普通地膜，但土壤通透性增强。降解地膜初裂期前，因其增温保湿性比普通地膜强，所以棉花苗期生长较快。大裂期后，田间阴蔽度增加，加上此时普遍灌头水，降解地膜增温而有利于棉花根系的生长发育，此时棉花生长稳健。

降解地膜降解后残留物不会影响来年农作物的生长发育，随其有机质的不断降解、腐化，可在一定程度上培肥地力，所以，合理有效推广应用降解地膜，不但不会造成农作物减产，反而可大大降低地膜对环境的污染，是治理白色污染重要而有效的方法之一。但是降解膜成本相对较高，目前难以广泛应用。

第三节　残膜回收技术的现状

一、现有残膜回收技术的分类

地膜失去效用时即为残膜。目前对于残膜污染的解决办法主要有采用降解地膜、人工回收和机械化回收3种途径。

（一）降解膜

降解塑料地膜是通过改变地膜的化学物理组成成分，利用土壤生物及光合作用的原理来实现地膜的自然分解，减少或根除残留地膜对农业生产的影响。主要包括生物降解、光降解和化学降解。

我国是一个农业大国，塑料地膜的消费量居世界第一位，降解塑料农膜的研究基本上与世界同步。20世纪70年代开始研制添加型光降解塑料地膜，1990年后，在光降解塑料地膜的基础上，开发了同时具有生物降解功能的塑料地膜。我国降解塑料品种主要是添加型不完全降解塑料制品，降解塑料地膜的开发应用目前处于示范推广阶段。相对于可降解塑料包装制品，可降解塑料地膜的开发难度要大得多，既要求准确的降解时间可控性，又需适应地理、气候环境的复杂关系，以及土壤存在的微生物种类还有农作物品种的复杂性。除降解塑料地膜外，也有人在研制开发以天然高分子为基材的草纤维地膜和淀粉地膜等。

目前世界上正在使用的各种可降解塑料，不论是光降解、生物降解或其他降解，都并非真能将塑料转化成可融于土壤的无害物质，而仅仅是能将其分裂成体积较小或者分子量较低的塑料块而已，要在任何环境下快速地彻底分解几乎都是不可能的。普通可降解塑料制品的降解时间一般是3~5年。

（二）人工回收

一般人工收膜用锄头、镐头起茬，用耙子搂膜搂茬、集垄、清除等多道工序，劳动强度大，劳动生产率低，耗工费时，使得残膜回收的难度很大，而且只能捡拾地表看得见的残膜，地表下的残膜无法捡拾，且不能大面积回收。

（三）机械化回收

由于使用生物降解或人工捡拾去除残膜的方法存在成本高、效率低、劳动强度大等缺点，机械化是残膜回收的主要方法。而今后相当长一段时期内，仍然会使用着大量的塑料地膜，根据我国目前的科技水平和经济条件，现阶段地膜污染的解决对策仍主要以推广机械化地膜回收为主，辅以行政手段先行，经济手段垫后，全面向白色污染宣战。总之，研制各种经济实用的残膜回收机，推广残膜回收机械化生产技术，对于减少土地污染及保持农业生产的可持续发展具有十分重要的意义。

机械化收膜作业方式从时间上分主要有春播前整地收膜、苗期收膜、秋后收膜。

1. 播前残膜回收

播前残膜回收是在耕地、整地等作业完成后，于播种前进行的作业，一般回收50毫米土层内的残膜，并且只能回收大块残膜，对碎膜则无能为力。播前残膜回收机采用搂草机的原理，结构简单，膜搂集成条后，用特制的大耙将集成条的残膜人工搂成堆，再装车拉出地外。

2. 苗期残膜回收

在玉米、棉花等作物中耕作业时揭膜回收。此时，由于地膜使用时间短，破损不严重，作物在苗期时地膜比较完整，老化较轻，膜上的土又很少，有利于收膜，残膜收起后，同时进行中耕作业。一般苗期残膜回收的收净率和生产率较高，但在使用中存在几个问题：首先，揭膜后要有水源保证，否则会因大量水分蒸发而又不能及时灌水造成干旱；其次，揭膜后必须及时中耕除草或配合喷洒除草剂抑制杂草生长。

3. 秋后残膜回收

作物收获后，将田间的残膜收起。目前已见于文献的有新疆、甘肃、陕西、山西、内蒙古、中国农业大学和东北农业大学等有关单位研制的收获后残膜回收机，其收膜工艺都是膜边松土，起膜铲将地表残膜推起，捡膜齿挑起残膜，最后脱（卸）膜机构将被挑起的残膜卸下并送入集膜部件。其中挑膜、脱膜和集膜部件是影响收膜效果的核心机构。

二、残膜回收存在的问题

（一）回收利用水平不足

地膜覆盖栽培技术给农业生产带来的效益是显著的，但由于残膜回收工作经济效益低，甚至会增加投入，所以推广困难，仍存在一些问题。

（1）目前农民对地膜污染的危害有一定的认识，但长远观念差，只注重当年效益而忽视了长远效益，人工揭膜工作推广难，回收不彻底。

（2）近年来，棉花播种面积扩大，覆膜面积占100%，然而，棉花种植和收成时存在揭膜劳力紧缺和时间紧迫的问题，农民没有认识到不揭膜对产量的影响。因此，忽略了人工揭膜这项必不可少的生产工序，这是生产管理、劳动安排和宣传提高认识方面存在的问题。

（3）棉花收获完毕后，要秋翻秋耕为来年生产打好基础，残膜未回收就被翻入耕层。来年开春春播紧张，土地耙平后就要抢墒播种。在秋末、初春时段虽然可以安排劳力捡拾残膜，但时间紧张给人工回收残膜造成一定困难。

（4）缺少相应的经济政策鼓励回收和利用残留地膜。

（5）目前没有专门的法规来约束和防止地膜污染的产生。因此，在开展回收残膜的工作中，尚未采取有效措施开展清理回收工作。

（二）回收分类等级制度不健全

残膜回收再利用是一个世界性的课题，工业发达国家的一些成功做法就是分门别类合理使用。废弃塑料可以按品种规格分成不同的等级，经过相应的加工处理，分类使用。像企业在生产过程中产生的边脚料、残次品等都属易于分类回收的塑料，但生活用塑料制品在我国存在分类回收困难的问题。一方面是民众的环保意识不强，塑料分类回收的概念还未被大众认同，不同塑料的分类回收还没有形成。另一方面，塑料制品按原料分类的标志不明显。国家规定塑料制品应在显著部位标志出分类回收标志，但多数制品没有标出，为回收时的分类造成不便。

三、防治对策

地膜在农业生产中的应用比较广泛，要防治地膜污染就应该遵循"宣传教育为先导，强化管理为核心，回收利用为手段"的原则，积极推广生物可降解的农用地膜，开展合理的除膜技术，积极防治残膜污染。

（一）加强宣传教育

防治地膜污染是一个系统工程，需要各部门、各行业和广大农民群众的共同努力和支持，大力宣传残膜的危害性、严重性,提高人们对农膜污染危害性的认识,从而提高回收残膜的高效性,降低残膜污染。

(二) 建议制定残膜残留量的标准

要制定必要的农田残膜残留量标准和超标收费标准,使农膜污染早日纳入法治管理轨道,明确回收机构,确立合理的回收价格及残膜处理加工厂。有关部门应尽快制定保护土壤资源的法规,对农膜残留量要有明确的规定,使残膜污染防治走上法制化轨道。

(三) 大力推广适期揭膜技术

所谓适期揭膜技术就是把作物收获后揭膜改为收获前揭膜,筛选作物的最佳揭膜期。适期揭膜有以下几个优点:第一,适期揭膜可缩短覆膜时间,地膜仍然保持较好的韧性,容易回收,一般回收率可以达到95%以上,基本上消除农田土壤残膜的污染,保护农田环境;第二,适期揭膜技术可以降低田间土壤的湿度,有利于抑制作物病虫害;第三,适期揭膜技术有利于作物根系的发育和增强土壤的透气性;第四,适期揭膜一般是在作物的生殖生长期间进行,此时作物需要大量的水分,此时揭膜有利于根系对水分的吸收,有利于作物生长;第五,适期揭膜有利于作物后期管理,便于中耕除草,便于中后期作物追肥和培土,防止倒伏。总之,适期揭膜技术不但能提高地膜回收率,节省回收用工,亦能使作物增产。

(四) 采取人工和机械回收相结合的措施,加大残膜回收力度

在翻地、平整土地、播种前及收获后采用人工和回收机结合回收,能收到良好的效果。

(五) 增加地膜韧性

目前使用的农膜大都为超薄膜,厚度为 0.007 厘米,易破碎、难以回收,而耐老化地膜的厚度在 0.012 厘米以上,才能

保证农膜使用后仍然能够大块清除，改进生物农膜的性能，降低成本。

（六）优化耕作制度

加强土壤的轮作倒茬，采用不同年间地膜间隔覆盖的方法，减少地膜单位面积的平均覆盖率，进而减轻残膜污染危害。

（七）开发应用优质农膜

研发新材料，特别是易降解、无污染的新材料，目前使用的主要是聚乙烯农膜，化学性质稳定，不易分解和降解，鼓励开发可降解的生物地膜，替代聚乙烯农膜。

第四节　残膜回收技术的发展

一、国外残膜回收技术的发展

残地膜回收是世界各国都面临的一个棘手问题。英国和苏联采用悬挂式收膜，工作时松土铲将压膜土耕松，然后将薄膜收卷到羊皮网或金属网上，收下的薄膜洗干净后卷好以备再次使用。法国的一些地区采用地膜铲将压在地膜两侧的泥土刮除，随后起出残膜。在地头由人工将膜提起并缠在卷膜筒上，随着机组的前进，地轮带动卷膜筒旋转，地膜连续不断地缠在卷膜筒上，完成残地膜的回收过程。

从总体来看，欧美等发达国家为解决残地膜造成的危害，一方面，使用高强度、耐老化地膜，可以连续使用 2~3 年，采用收卷式回收地膜；另一方面，积极开发研制新型地膜，如生物可降解地膜和光降解地膜等，这种地膜覆盖在田间经一定时期会自动分解，形成无害物质而混入土壤。

目前国外地膜回收技术的应用还远远没有我国进行得深入和广泛。国外有雄厚的经济基础，在薄膜使用回收方面大多采用综合的治理技术，残膜的危害远远没有中国严重。其治理方法主要有：

（1）采用厚度、强度大的塑料薄膜。国外一般采用的塑料薄膜的厚度利于机械收膜。回收薄膜可以重复使用，可以减少总的地膜使用量。

（2）可降解、无毒害薄膜。如光解薄膜和生物降解薄膜以及植物纤维薄膜等。这样薄膜在无使用价值后会自动在农田地里降解，对环境没有任何影响。

（3）采用地膜回收机回收地膜。欧美、日本、韩国等发达国家在使用地膜覆盖种植方面应用的地膜厚度比中国的要厚，回收时，地膜具有较大的抗拉强度，容易回收。因而国外地膜回收机械结构比较简单。

虽然这些技术可以有效地控制残膜的危害，但在我国推广却有困难。我国由于农民普遍收入少，而且我国农业的投入产出比非常低，限制了农民对新技术的承受能力。目前我国普遍采用的残膜厚度为 0.006~0.015 毫米，强度很低，价格便宜，为农民广泛采用。由于与国外地膜厚度与强度有较大差别，因此，我国残膜回收机的研发不能走引进、吸收的道路，只能根据我国国情自行研制。

二、国内残膜回收技术的发展

我国最早研究残地膜回收机是在 1982 年，到现在已有近 40 年的历史，农民对地膜回收机械的需求日益强烈，价格便宜、性能优良的地膜回收机械是农业生产中所急需的。目前，我国有近 20 余种型号的地膜回收机械研制成功。主要有以下几种结构形式。

（1）伸缩杆齿式捡拾滚筒，该种收膜机构工作可靠，残膜收净率高，但该机的结构复杂，造价偏高。如甘肃省农机推广站研制的 1FMJ-850 型残膜回收机，残膜收净率 90%，生产率为

0.3公顷/小时，配套动力为13.2千瓦小四轮拖拉机。由理论计算滚筒的最低转速不得小于71.5转/分钟，并经试验验证，以120转/分钟为宜。

（2）弹齿式拾膜部件，由地轮带动收膜弹齿工作，结构简单，残膜收净率高。机构中需要一个控制收膜弹齿工作位置的曲线轨迹滑道，以便于脱膜，因而给加工制造带来一定的困难。同时该种收膜部件也无法实现残膜与杂草的有效分离。如东北农业大学研制的QS-2型秋后残膜回收机，残膜收净率90%，生产率在0.3公顷/小时，配套动力为13.2千瓦小四轮拖拉机。根据理论计算与试验验证，在考虑残膜拉伸率及地轮下陷和滑移的情况下，挑膜弹齿与行走地轮间的最佳速比应为1.64左右为宜。该速比刚好将挑起的残膜拉紧，不易被推起的土壤压住，且收起的残膜较干净。

（3）铲式起茬收膜部件，其在起茬的同时将残膜一起铲起，经输送带送入鼠笼式旋转滚筒进行土茬分离，结构简单，工作可靠，收净率高。但其对土壤的性能有一定的要求，且收起的残膜与作物的根茬混合在一起，会给残膜的再生利用带来困难。如内蒙古商都牧机厂研制的1MC-70型地膜回收起茬机，残膜与根茬收净率为90%，生产率在0.2~0.3公顷/小时，配套动力为11千瓦小四轮拖拉机，起茬起膜深度8~10厘米，机组作业速度3~4千米/小时。

（4）轮齿式收膜部件，该种收膜机构采用苗期收膜机的收膜部件，靠收膜轮与地面的摩擦力转动收膜，结构简单，收起的残膜比较干净，便于残膜的再生利用，特别适宜捡拾玉米、高粱等有硬根茬地的秋后残膜回收。对于破损不严重的残膜收净率比较高，具有很大的应用前景，对于厚度在0.008毫米以上的标准地膜，该机构是一种比较理想的残膜回收机构。如东北农业大学研制的小型残膜回收机，采用该收膜部件，在地膜破损不严重的情况下，残膜收净率为90%左右，生产率在0.2~

0.3公顷/小时，配套动力为11千瓦小四轮拖拉机。

（5）齿链式收膜部件，其结构简单、紧凑，加工制造方便，既可用于苗期收膜，也可用于秋后收膜，该结构的最大特点是由于其整个结构可以向纵向设置，可以前置，有利于整地复式作业。目前国内收膜机的脱（卸）膜部件主要有刮板轮、推膜板、输送带和脱膜杆等。

（6）现有地膜回收机械存在的主要问题。

①残膜对工作部件有较强的吸附能力，容易缠挂在工作部件上，从而使机器无法正常工作；

②由于一些薄膜埋在土壤里过深，在起膜的过程中不能完全起出，不能彻底治理；

③在作物根茬较大的地块作业，集膜箱装满或废膜影响集膜机构时，卸膜耽误时间太多；

④作业时田间过多的作物秸秆或杂草无法清理，造成了残膜与杂质混收的现象，使残膜再利用困难；

⑤注重对收膜机构的研究，对残膜回收后的利用重视不够，仅当垃圾处理；

⑥拖拉机手在行进当中需不时地回头观察集膜箱是否装满，劳神且不便。

从整体上来看，残膜回收机的推广应用还不尽如人意的原因主要有：一是残膜回收机械不够完善；二是回收残膜没有直接经济效益，残膜回收机很难被广大农民所接受。相对于传统农机具如犁耙以及播种机等来讲，残膜回收机理论上还不够完善，实际机型大部分还处于初步研究探索试验阶段。

从我国已有机型来看，苗期揭膜已取得一定成果，但苗期揭膜只适用于水源较充足地区的部分作物。而我国北方大部分地区为干旱少雨区，近年来推广的滴灌管道布置在地膜下面，因此苗期揭膜不可能在我国大面积推广使用。耕层内残膜回收机和播前耕整地残膜回收机虽然结构简单、成本低，但残膜回收率不高。利用常规机具改装回收残膜成本低,但需要的辅助人员过多,回收率低,劳动强度大,不能根本解决残膜回收问题。在研制残膜回收机的同时,我国也研制出一些新型降解农膜,如生物降解膜、光降解膜和双降解膜等,但因成本过高或其他原因未能大面积推广使用。因此在今后相当长一段时期内,根据我国的国情,采用机械化清除残膜是比较现实的,同时考虑到提高机具的使用效率、降低作业成本、减少机具的下地次数,应大力研制发展耕整地与收膜联合作业的机具。

第五节 废旧农膜的回收

一、废旧农膜能源化回收

废旧农膜的回收利用是现阶段治理"白色污染"最有效的途径。它不仅能保护我们的环境,而且还可以有效地避免资源浪费,实现利益最大化的目标。治理控制"白色污染"最重要的就是对农田废旧农膜进行处理,现阶段最有效的方式就是进行回收利用再生。然而废旧农膜的回收就是这一过程中最为关键的一步。

废旧农膜的能源化回收及资源化回收是目前废旧农膜回收技术中最主要的两种方式。能源化回收顾名思义就是将废旧农膜通过高温燃烧一系列流程,获得一些低分子,最后聚合成汽油、柴油和燃料气等能源的过程。这种方式可以有效地集中处理残膜,还可以有效地获得一定量的能源,可谓一举两得。目前我国中石化公司已经开发利用了这项技术,把废旧的农膜回收再生获得更多的能源。在一定程度上解决了废旧农膜的问题,提高了经济效益,但是由于过程复杂,技术要求以及投入成本较高,实际使用率不高。另一种方法就是燃烧产出热能。这种方式不用对农膜进行分类处理,节省成本,但是对设备要求过高，污染严重。这种方式不太适合在我国使用。

二、废旧农膜的资源化回收

废旧农膜资源化是指将废旧的农膜转化为其他的资源使用。废旧农膜回收最主要的方式是再生造粒。再生造粒是指将废旧的农膜加热，然后进行塑化、切粒再加以使用。基本原理就是将废旧的农膜放置在熔融装置当中，装置温度非常高，使农膜融化，再进行挤压、切粒得到"二次母粒"。这种经过高温加工得到的颗粒农膜，并没有改变它的化学性质，只是改变了其外观形状。获得的二次母粒仍然具有之前的性质，加上先前所具备的技术，在塑料生产中仍可广泛应用。再生造粒也是目前我国使用最方便和最经济的回收技术，也是目前最适合我国国情的农膜回收技术。我国是人口大国，塑料制品应用广泛，每年生产的塑料不计其数，产生的废物对资源环境的污染较严重，利用这种技术，可以缓解污染改善环境，还可以调节市场上塑料产品的供需矛盾。

近年来，湿法造粒工艺和干法造粒工艺是最为普遍的废旧农膜再生造粒技术。其中湿法造粒工艺具体流程如下：

废旧农膜→破碎→清洗→脱水→熔融造粒

目前采用的多是湿法造粒工艺，也是我国较为普遍的一种工艺方法，这种方法的优点就是获得的颗粒纯度较高，能够制造出品质较高的材料。但是这种方式也存在着严重的缺陷，多次清洗和多次破碎会带来高额的运行成本。

干法造粒工艺多了"分离"这一环节，减少了"清洗"和"脱水"这两步，具体操作流程如下：

废旧农膜收集→破碎→分离（除杂质）→熔融造粒

分离的主要目的是清除废旧农膜中残留的大部分泥沙，这种方式的操作流程相对于湿法造粒工艺较为简单，运行成本相对较低。但是它也存在弊端，不能彻底除去农膜中存在的大量水分，不能较好地除去杂质，再生颗粒中大量的杂质难以根除，影响产品纯度。这种工艺有一个最大的优点，在整个流程工艺过程中没有产生废水，不会对环境造成二次污染。

现阶段，应该大力研发一种废旧农膜回收造粒技术，既能有效地提高产品的纯度，又能实现低成本运行，减少环境污染和二次污染。

三、回收过程中存在的问题

（一）缺乏政策指导，资金扶持力度不够

自20世纪初期以来，财政对农业扶持资金力度不断加大，投资的比例也越来越高，但是在废旧农膜的回收利用领域扶持力度较低，缺少必要的资金支持。全省各地企业普遍存在资金不足、生产受到制约等现象，一些规模较小、设备技术落后、信贷信用低、资金周转量小的企业生存能力明显下降。再加之企业劳动工人数量逐年下降、劳动力价值升高，直接影响农膜生产以及加工企业的效益。企业在生产上存在严重质量问题，农膜回收困难，回收再利用效益明显偏低。另外，政府对废旧农膜回收没有实质性举措。仅仅停留在危害宣传层次上，在回收处理再利用方面重视程度不高，缺乏相对应的具体政策措施以及必要的利益引导和鼓励政策。

（二）群众认识不高，环保意识不强

广大农民缺乏相应的知识，不了解废旧农膜给自然、社会以及自身带来的危害；更认识不到废旧农膜回收再利用的意义。农民普遍不重视废旧农膜的清理和回收。即使有些农民将废旧农膜拾拣出来，也只是随意堆在路边、田间，任由风吹，四处飘荡。随着农膜使用技术逐步走向成熟多样化，农膜的用途更加广泛，能够给农业带来明显的增产，给农民带来明显的增收。随之带来的就是农膜的使用量逐年递增，伴随着产生的残膜也

就越来越多。

(三) 回收加工技术落后，回收网点较少

废膜回收过程费力费时费事，且回收价格低，农民不愿意在田间拾捡残膜，交售给收购商和加工企业。农民回收的废旧农膜经常掺杂各种泥土、石子等杂质，增加了收购企业的运行成本，因此有些收购商和收购网点不愿意收购农民拾捡的残膜。此外，废旧农膜的回收点和加工企业数量少，废膜回收加工的利润偏低，投资者不愿意对此投资。企业的规模一般较小，资金短缺，收购残膜的动力不足。只通过流动的商贩叫卖或到废旧物品回收站进行交售，交易成本才能合算。在这种情况下，农民缺乏回收农膜的积极性。农民专业合作社发展不规范，组织制度建设不健全，没有专门从事废旧农膜回收利用的合作社，很难集中组织广大农民对废旧农膜进行拾捡和处理，不能有效地进行交易并宣传废膜的危害，因此"白色污染"很难得到有效治理。

四、关于农膜回收的影响因素

针对农膜回收情况，有学者针对农膜回收的影响因素进行调查。调研结果显示，38.14%的农户认为回收农膜没什么作用；29.90%的农户表示没有精力和时间；14.43%的农户表示附近没有专门的回收地点和处理设施，非常不方便；11.34%的农户认为农膜回收是政府的事情，与个人无关。综上可知，对废旧农膜进行遗弃处理的农户，其价值认知能力相对较低，不清楚废旧农膜等农业废弃物循环利用可能产生的生态和经济价值。此外，废旧农膜回收属于劳动密集型和技术密集型工作，由于缺乏专门的回收地点和处理设施（如捡拾机械），完全依靠人力捡拾，需要耗费大量的精力，对农户来讲投入太大而回报很低。反之，对废旧农膜进行回收处理的农户，则对废旧农膜等农业废弃物循环利用的经济和生态价值具有深刻的认知，认为可以

有效增加收入和改善环境。调研具体分析如下。

(一) 户主基本情况的影响

①户主性别对农户废旧农膜回收的影响不显著。从调查结果看,女性户主对废旧农膜进行回收的比例为87.27%,略高于男性户主的86.88%,但总体差异较小。②户主年龄对农户废旧农膜回收有显著正向作用。其原因可能是随着年龄的增加和务农经验的丰富,农民越来越意识到废旧农膜遗弃对农作物的危害性,所以会提高回收比重。调查结果显示,30岁及以下的农户对废旧农膜进行回收的比重为82.35%,而31~45岁、46~60岁、60岁以上农户回收的比重分别为83.87%、87.89%、89.40%。③户主文化程度对农户废旧农膜回收的影响不显著。调查结果显示,户主文化程度越高,废旧农膜回收的比重越高,但大专及以上农户对废旧农膜回收的比重却较低,从低到高五个文化层次农户回收农膜的比重分别为76.92%、86.81%、88.93%、90.62%和80.56%。可能的原因是高文化的农户从事非农工作的概率更大,导致农业生产时间下降,降低了废旧农膜的回收率。

(二) 农户家庭经营特征的影响

①人均播种面积对农户废旧农膜回收有显著的负向影响。原因可能是随着人均播种面积提高,农户农业工作量和劳动强度将大幅增加,而废旧农膜回收比较费时,所以回收比重下降。调查结果显示,人均播种面积小于1.5亩时,回收比重为91.60%;而当人均播种面积为1.5~3.5亩和大于3.5亩时,回收比重分别为88.93%和79.64%。②家庭非农劳动力比重对农户废旧农膜回收有显著的负向影响。其原因是家庭非农劳动力比重提高时,投入农业生产的劳动力数量减少,导致废旧农膜回收比重下降。调查结果显示,家庭非农劳动力比重为0、1%~49%、大于50%时,农膜回收比重分别为92.01%、87.14%、

71.43%。③人均纯收入对农户废旧农膜回收有显著的负向影响。原因可能是人均纯收入越高,农户废旧农膜回收的机会成本就越高,因此导致回收比重下降。调查结果显示,人均纯收入为小于0.6万元、0.6万~1.2万元、大于1.2万元时,农膜回收比重分别为90.60%、87.54%、80.51%。④参加合作社对农户废旧农膜回收有显著的正向影响。原因可能是合作社可以为农户提供相应的技术培训,以及对农户的环境认知进行教育,所以能促进废旧农膜的回收。调查结果显示,参加合作社的农户回收比重为92.91%,而未参加合作社的为83.20%。

(三)村社会经济条件的影响

①村里是否有废弃物管理制度对农户废旧农膜回收有显著影响。废弃物管理制度对农户遗弃废旧农膜的行为会产生一定约束作用,因此能提高回收比重。调查结果显示,有管理制度的回收比重为91.07%,而没有管理制度则为83.23%。②是否有政策支持对农户废旧农膜回收有显著影响。回收农膜需要耗费大量的时间和精力,而直接经济回报偏低,如果有政策支持,提高农户的经济回报,将有助于提升废旧农膜的回收比重。调查结果显示,有政策支持的回收比重为93.04%,而没有政策支持则为78.49%。③村内企业数对农户废旧农膜回收的影响不显著。调查结果显示,村内企业数为0家、1~3家、大于3家时,农膜回收比重分别为88.05%、86.26%、85.54%,有一定差异但并不明显。

(四)便利程度的影响

①村附近是否有回收地点对农户废旧农膜回收有显著影响。废旧农膜的资源化利用需要先进的设备和技术,普通农户往往无力为之,只能将其回收交由企业(政府)处理。如果村附近有专业回收地点,将能大大节约农户的时间和成本,提高废旧农膜的回收比重。调查结果显示,附近有回收地点的农膜回收

比重为 92.40%，没有回收地点则为 82.95%。②村离乡镇政府距离对农户废旧农膜回收的影响不显著。调查结果显示，距离为小于 3 千米、3~7 千米、大于 7 千米时，农膜回收比重分别为 87.50%、88.66%、83.91%。

五、对策与建议

（一）加强资金支持，扶持培育加工企业发展

政府应该加大对废膜回收利用支持力度，采取财政资金直接补贴政策。建立相应的监管制度，对各县、乡、镇政府的工作进行考核，督促他们干实事，真正为民服务。明确各级任务，坚决落实各项政策，建立有效的残膜回收激励机制，对做出突出成绩的单位村社给予一定的奖励。各个市应该起到带头作用，努力争取废旧农膜回收利用的专项资金，将资金分配到各个农民手中，采取"以奖励代替补贴"的形式，重点鼓励并扶持一些废膜回收再利用的龙头企业，以及一些村镇回收残膜的网点，给予适当补贴，希望他们能够带动一些中小微型企业积极从事这项事业；此外，农村信用合作社应该提供重点专项扶持，给予相应的资金支持帮助村镇农民购买相应的生产资料，扩大补贴的范围，尽量在回收加工机械设备方面也能给予购置补贴，这样才能鼓励这个行业发展。制定优惠政策，鼓励废旧农膜捡拾、回收、加工各环节主体的积极性。农户每捡拾 1 吨废旧农膜，政府在回收价的基础上应再给予适当的奖励；扶持发展废旧农膜加工企业，对企业回收加工废旧农膜在财政、信贷等方面予以补贴或优惠。只有这样，废旧农膜回收企业才有资金购置高新技术的回收机械，改进再生产工艺，使资源能够充分利用，减少环境污染。

（二）加大供销合作总社再生资源回收系统

支持中华全国供销合作总社承担着构建"新网工程"的重

大职责,其中再生资源回收利用网络建设占据很大部分,再生资源销售额逐年递增。供销合作总社应自上而下建立一套完整的废旧农膜回收再利用体系,拿出专项资金鼓励企业发展,建立废旧农膜回收网点、废旧农膜回收站和废旧农膜回收加工再利用企业,建立一条龙的服务体系。方便农民售卖废膜,使农民、回收企业都能获利双赢。在一些特殊地区,结合地膜补贴政策,鼓励农民"以旧膜换新膜",在各村镇建立一些废物收集设施,方便农膜的临时处理和堆放。

(三)发挥合作社、村组织的带头作用

政府应该鼓励各村级组织建设废旧农膜回收利用合作社,使合作社起到带头作用,积极组织农民进行田间农膜拾捡,集中处理。合作社还可以运用合作社资金购置加工再利用的机械设备,合作社内部进行资源的二次利用。发挥村组织以及回收利用合作社的带头作用,构建一个完善的回收收购再加工的网络体系,利用自身的优势,提高回收能力。在居民集中的地区,建立相应的物业管理区,分地区建设垃圾回收处理站和收购站,对废旧资源进行集中处理。另外,还要做到科学布建网点,提高回收服务功能。为了方便农户交售,要不断扩大回收服务半径,大力培育回收经纪人队伍或健全废旧农膜回收网点,在有条件的情况下,设置流动的个体回收员,这样能够扩大收购的范围,确保农民、合作社拾捡的废膜有效处理,形成完整、高效的废旧农膜回收体系。

(四)加大宣传力度,提高农民绿色环保意识

随着农民收入的增加,废旧农膜回收的机会成本越来越高,加上很多农民对废旧农膜回收的经济、生态效益认知不够,农民的回收意愿较弱。因此,要加大宣传力度,使农民充分认识到废旧农膜遗弃在土壤中,会对农业生态环境和农作物生产造成严重危害,提高废旧农膜回收的自觉性和主动性。为落实废

旧农膜的回收再利用工作,各级政府、农委应该采取多种形式,如印发宣传资料、举办培训等,宣传"白色污染"的危害,提醒广大农民废旧农膜的长远性危害,让他们认识到问题的严重性,减少农膜的浪费,避免乱丢废膜的现象,提高自觉性。政府应该做好牵头工作,各级部门相互配合,将废旧农膜回收利用事宜摆上议程,全力向上级争取资金,更好地启动"新网工程"中四大网络的建设,尤其是再生资源回收网络建设,扶持龙头企业。充分调动能人志士的积极性和主动性,积极宣传,让全社会广泛关注,走上资源节约型、环境友好型的道路。

(五) 制定行政规章制度

制定和完善《农膜污染治理实施细则》和《农田农膜残留标准》,坚持"谁污染、谁治理"和"不捡不种,不清不耕"的原则,对农户严格要求。成立监督机构,加强对耕地废旧农膜流量和存量的监测,将废旧农膜污染问题纳入法制化管理轨道。

(六) 推广适期揭膜技术,增加机械回收力度

很多农户不愿意回收废旧农膜是因为没有掌握回收技术,费时费力。适期揭膜技术是在农作物收获前揭膜,具体可选在早晨土壤湿润或雨后初晴时,此时农膜韧性好、易回收,且利于作物生长。同时,在生产中要增加机械回收力度,提高回收率,减少农民的劳动工作量,降低废旧农膜的回收成本。

第六节 废旧农膜回收再利用技术

一、废旧农膜的回收利用途径

对于农民们来说,主要有五种途径:重复使用、回收再生、就地掩埋、集中填埋以及作为燃料资源。

（一）重复使用

目前，废旧农膜在农村尚未得到广泛的二次利用。然而，一种可能性就是通过合理的农艺措施，增加农膜的重复使用率，相对减少农膜的用量，减轻农膜污染。如"一膜两用""一膜多用"，早损膜、旧膜的重复利用，农业生产组合等成熟的技术已经在农业生产中得到应用，并取得了一定的经济效益和环境效益。此外，还可用来覆盖木材和草堆、农机以及作为青贮窖的内衬。重复次数取决于农膜破损的程度。青贮饲料袋如果精细使用可重复使用 2~3 次。

（二）回收再生

废旧农膜的再生利用技术分为简单再生和改性再生。简单再生利用就是将回收的废旧农膜经过分类、清洗、破碎、造粒后直接再生成农膜，或者加工成各种模塑制品，如塑料木材和栅栏等。此类利用是废旧塑料利用的最主要方法，其技术投资与成本相对较低，成为许多国家作为再生资源利用的主要方法。而改性再生利用是指将再生料通过机械共混或化学接枝改性后，再进行利用，这类改性再生利用的工艺路线较为复杂，有的需要特定的机械设备。两者均已有较为成熟的工艺。与改性再生利用相比，简单再生利用的技术投资和成本相对更低，选用也更为普遍，但改性再生利用是发展方向。

（三）就地掩埋

将清洁过的废旧农膜就地掩埋也是一种选择。但是，这种方法不宜推广，因为这种物质在今后将很难降解或回收，而且夹杂在薄膜中的农作物和其他杂质产生的有害物渗透到地下会污染地表或地下水。

（四）集中填埋

集中填埋是世界上处理城市固体废物和废旧农膜最普遍采用的方法。这种处理方式具有如下特点：①处理成本较低；

②处理技术相对简单,利于推广普及;③填埋可选用非耕地作为场址,如滩地、山谷、洼地、沟渠等;④无需对垃圾进行预处理。不过,在填埋过程中,需要对填埋场进行防渗处理,并用无毒无害的覆盖材料按规定的技术要求进行覆盖,且对收集到的渗滤水等要进行处理。就农民而言,这种方法带来的问题主要有:①集中填埋不仅占用大量土地,弄不好往往会带来环境的二次污染;②需要支付额外的倾倒费用,一般为160~250元/吨;③一些城市卫生填埋场并不接受废旧农膜。填埋是处理废旧农膜的下下策的方法,但是由于其所需成本最低,这仍将是一些地方进行废物处理的一种可选方案。

（五）作为燃料资源

从废旧农膜和城市固体废物中进行能量回收是另一种废物利用的有效途径。表8-1列举了几种不同材料的热值。由于废旧农膜的热值极高,可达到10 278~10 833 千卡/千克,其热能回收颇具潜力。许多发达国家都已建立了专门的处理工厂。在美国已经建立了200余座废物能源回收工厂。在日本和德国,能量回收作为一种废塑料的处理方案正在获得效益。我国尚未有专门的塑料焚化炉,废旧塑料往往是和市政垃圾一同燃烧,如深圳引进的日本三菱重工马丁炉排垃圾焚烧炉以及上海浦东引进的法国垃圾焚烧设备。焚化法获取能量产生蒸汽或发电的优点可最大限度地减少对自然环境的污染,与掩埋和滞留在土壤中相比这个优点格外突出。

表8-1 几种不同材料的热值

材料	燃烧值/（千卡/千克）
农用薄膜	10 278~10 833
木材	3 889~4 167
报纸	4 444

第八章 农田残膜污染治理行动

(续表)

材料	燃烧值/(千卡/千克)
煤油	11 389

对于能源回收,关键要考虑收集、运输、再加工和污染处理的费用。一般来说,能源回收工厂需要配备高温燃烧炉和减少空气污染的污染处理设备。良好的焚化装置不会引起二次污染,但造价极高,设备损耗及维修运转费用高。且必须形成规模,才能取得经济效益。至少日处理废塑料100吨才合算。目前,专门从废旧农膜中进行能量回收在我国尚不成熟。不过,对于那些难以清洗分选处理、无法回收的混杂废旧农膜,这种方案仍然是值得推荐的。从以上的几种废旧农膜的循环利用途径可以看出,从经济性和环保两方面考虑,我国现阶段应以回收再生利用为主,而对于污染严重且不好分选的废塑料则可用来焚烧回收能量,最后才采用卫生填埋。以下主要就废旧农膜的再生利用技术进行阐述。

二、废旧农膜的再生利用技术

回收再生就是将废弃的农膜收集起来并运送到工厂加工的过程。为了使回收成为现实,必须成立一个有系统的组织,这一系统包括收集、分选、加工和销售4个部分。

(一) 收集

为确保回收的有效性,首先必须在废弃农膜的源头建立初中级回收站点,以保证能从各地收集到大量的原料。初级回收要注意的问题是:在清除农膜时,首先要将上面的杂质(尘土、作物或饲草、水、冰等)抖落掉,并清除麻绳;将回收的农膜压缩或捆扎成小捆(注意打包时只能用塑料绳而不能用麻绳),并贮藏在室内或农具库房中,使其远离杂质和日光,保持农膜干净和干燥以备中间回收再生站或为今后大规模的再生站回收。由于废旧农膜占用的空间大，因此得不到有效的运输。为了减少运输费用，必须在中间回收站将农膜进一步进行打包压实。一般打捆可采用一种小型方包捆扎机，其过程是先将农膜铺成长条，使其接近 1 米宽、0.6 米高，然后开动捆扎机，将薄膜收入其中。也可以使用大型圆形缠绕打包机，但所得到捆包的大小和形状将相对增加后续处理的难度。另一种有效的办法就是将农膜在商用压缩机中压缩，这样所压缩的体积可以减小到原有松散体积的 15%。

(二) 分选

农膜的主要原料是低密度聚乙烯（LDPE）。但随着农膜应用领域的不断扩大，其品种也日益繁多。目前在用的农膜除普通的棚膜和地膜外还有许多特种膜，如黑色膜（由 PE 树脂加炭黑吹塑）、黑白双面膜、银灰膜（PE 树脂加铝粉吹塑）、银色反光膜（在 PE 薄膜上复合一层铝箔而成）、除草膜（在农膜表面粘有除草剂）和切口膜（将薄膜分切成有规律的暗条状）等，而牧草青贮膜则是一种特制的聚乙烯薄膜。由于有不同类型的塑料制品及其附加物，对回收的原料进行分拣是必要的。

(三) 加工

废旧农膜经过加工可以直接转化成塑料颗粒，不过在加工之前，必须将回收的农膜清洗干净，检查是否有杂质，并根据含杂的程度决定是否回收。值得注意，如果废旧农膜的含杂量超过 5% 以上，那么再生处理是不能接受的。农膜中的杂质主要包括泥土、灰尘、沙石、润滑脂、植物根茎、水、其他类型塑料、胶带以及紫外线老化塑料等。紫外线老化极大地限制了农膜的可回收性。如果薄膜失去了弹性并起皱，那么说明它已经严重被紫外光损伤。然后将回收的农膜在切割式粉碎机中切碎，清洗除杂，填入挤出机，经过高温和高压使塑料熔融，熔融的塑料被挤压成致密的线束,然后冷却,切割成颗粒。这些颗粒被塑料厂加工成新的塑料薄膜制品。其中也包含加入适当的助剂组分(如稳定剂、防老化剂、着色剂等)进行配合,加入这些助剂只是起到改善加工性能、外观或抗老化作用,并不能提高再生制品的基本性能。也可以将废旧农膜粉碎后熔融,直接加工成各种模塑制品。

(四) 销售

就农用而言,将废旧农膜再生成农膜是最好的方案,因为不需要为再生制品重新开辟市场。一般来说,再生料只能用来生产有色农膜。例如,在聚乙烯树脂中加入2%~3%的炭黑,制成黑色农膜,这种农膜能有效地阻止光线的透入,膜下植物由于缺乏制造营养所需要的光能,而处于饥饿状态,可用于覆盖果园、茶园土壤,起到保温和除杂的作用。还可以用再生料和新料生产双层农膜,再生膜在上,新膜在下,这种双层膜可抗紫外线老化和具有保温的作用。国外已将这种双层农膜成功地用作温室农膜。另外,还可以开发各种模塑制品,如园林型材、栅栏、农场围栏板、道路标志等。日本工业技术和开发实验室研制出一种由废纸和聚乙烯(PE)的混合物,经特殊工艺转化为合成木材的新工艺,由该工艺生产出的合成材料与天然木材相似,具有可加工性和结构坚固性。此外,研发以废旧聚合物为主要材料的新型高强度大棚骨架也具有很好的市场前景。所有这些方案都需要有新产品的推销计划。

三、废旧农膜生产再生塑料颗粒技术试验

(一) 实验设计与结果

为了解决废旧农膜的再生利用,有企业建立了一个日处理原料5吨的废旧农膜回收利用的中间试验项目,主要用于生产再生塑料颗粒。下面介绍主要的处理工艺流程:

分类→一次破碎→清洗→二次破碎→清洗→脱水干燥→
筛选→粉碎混合→制粒

下面作简要说明。①分类：对运到工厂的农用废弃PE进行筛选分类，区分出可以处理的和不能处理的。②一次破碎、洗净：将废PE送入剪切破碎机，裁成20厘米见方的小块，然后进入杂质分离槽，利用空气搅拌装置除去大部分铁屑、石子、砂土及灰尘等杂物，脱水沥干，污水排往室外。③二次破碎、冲洗：在粉碎机中再裁成1~1.5厘米见方的小块，然后进入水洗分离槽进行二次冲洗，该槽是这套装置中最重要的部分，将混入薄膜中的杂质利用其对水的相对比重的差别进一步清理干净，这种方法简单，分离效果好。④脱水、干燥：PE经高速离心脱水机将水分分离。然后经低温热风干燥，产品干燥程度达97%以上。⑤筛选：干燥后的薄膜经筛选机分离，清除不纯物。⑥粉碎、包装：用两个圆盘组成的粉碎机将薄膜碎片高速粉碎成10目以下细末，再送入贮槽，然后将该制品按每袋50~60千克包装，以备造粒用。⑦混合：按用途不同，将稳定剂、颜料及增塑剂混入到粉末中，通过混合器混合。⑧挤出、冷却、造粒：混合之后，在挤出机中熔融并将其挤成条状的熔融物送入冷却水槽中冷却，然后将冷却的条状塑料裁成米粒大小的颗粒，以每袋25千克包装出厂。

在最初的试验过程中，存在的问题主要是原料太湿和太脏，薄膜由于受到拉伸卷曲缠绕，很难清洗干净以至于不能处理，水和杂质仍夹杂在其中，挤出机过滤网容易堵塞，残留在农膜中的杂质挤压时由于高温氧化使产品具有深褐色条纹。为此，我们对在初期的清理工艺进行了调整，除了废旧农膜在回收时要控制其杂质含量，在最终粉碎之前还增加了两次破碎和两次清洗。在制粒前增加一台干燥机，并加入较深的着色剂以使色泽均匀。经过工艺改进后的试验结果表明，采用废旧农膜制成塑料颗粒或再生农膜是值得肯定的一种方案。上述再生工艺不采取化学处理,从而简化了排水净化处理设施,避免了环境污染。通过精细操作,97%的废旧农膜可以转化成颗粒。

(二) 结论

农用塑料薄膜既为现代农牧业生产做出了巨大贡献,也形成了日益严重的环境污染。对于农民们来说,采用重复使用、回收再生、就地掩埋、集中填埋,以及作为燃料资源等循环利用途径可有效地减轻或遏制废旧农膜对环境污染的影响。从经济性和环保两方面考虑,废旧农膜的再资源化成为实现可持续发展的重要途径。将废旧农膜再生成塑料颗粒或农膜是值得肯定的一种有利可图的方案。废旧农膜回收利用过程中的主要问题是不能保持原料的干净;紫外线老化;收集和分拣的费用高;可靠的需求市场缺乏。随着人们对环境污染问题的日益关注和可持续发展战略的实施,在不久的将来,这些问题必将得到解决,废旧农膜的回收与利用将会得到更大的拓展,并产生巨大的经济效益和社会效益。

四、废 PVC 农膜改性再生钙塑地板砖生产线设计

随着科技进步的发展,农用地膜的发明、使用为农业生产带来了较大的发展优势,但将使用后的地膜随意乱丢也会对土壤及环境造成非常大的危害。现在农村普遍流行的 PVC 农膜,在大自然中不能自己分解处理,成了不可降解的永久污染,如何将这些 PVC 农膜回收再利用成了当前研究的热点。为了开拓回收利用废 PVC 农膜的新途径,PVC 地砖的生产和应用得到了大力的发展,这对"三废"处理起着非常积极的作用,特别是在当前废旧农膜的污染日益严重的当下,废旧农膜的再回收利用意义重大。

经测定,增塑剂、稳定剂和润滑剂是废旧 PVC 农膜主要含有的助剂,经过加工处理后可以作为 PVC 地砖基片的主体材料进行重复利用,经测试后发现其二次加工性能和物理机械性能

非常好，成本还显著降低，与人们对地板装饰标准的要求相一致。以下内容对PVC地砖的原材料、配方和工艺进行了系统的研究。

PVC再生地板的多层复合型结构一般是由面层、中间衬层和基层采用热压贴合成型工艺法叠加加工而制备成的，其中以高强耐磨的套色印花的PVC硬片作为面层，以白色的PVC硬片作为中间衬层，最后，以废PVC农膜和其他活性助剂、填料等作为主要原料制备成所需的基层。

（一）废地膜预处理

1. PVC地膜收集与分选

收集的废农膜中常混有其他塑料如聚烯烃，还有铁丝、钉子、瓦砾、玻璃和沙石等，在进入工厂前，需彻底清除，尤其是塑料以外的杂物。混入其他塑料将直接影响产品质量，而金属和沙石等进入粉碎工序将损坏刃具，提高处理费用。

2. 废旧农膜的粉碎及纯化

破碎废旧塑料必须选择适合的破碎机，破碎机的切断室应具备剪切角大、剪切过程刀隙不变的特点。本设计将农膜粉碎成3毫米×3毫米的粒料或者直径5毫米的片料，选用SCP-640A型塑料破碎机。预洗后的农膜材料加入含水洗涤剂，进行湿磨，一边粉碎一边洗涤，进一步洗净，湿磨可以防止因摩擦热引起的降解。本设计选择超声波清洗，这种方法可以减少传统方法难以除掉的细微黏附物，得到清洁度很好的碎片。

3. 废旧农膜的脱水及干燥

脱水和干燥是将材料中所含水、溶剂等可挥发成分汽化除去的操作，它在塑料加工过程中是极重要的工序。设计中，活性填料$CaCO_3$吸湿性大，PVC废料又经洗涤处理，物料中含有一定水分，如不进行干燥，制品表面起泡、易剥离。因此在加工前必须对物料进行干燥处理，使$CaCO_3$含水率低于0.5%。本设计选用 TC-120Y1 型智能程控生物组织自动脱水机和斗式去湿式干燥机。

(二) 钙塑地板砖的配方设计

高分子材料进行物理循环除了使用相溶剂，还需其他助剂才能制成高质量的产品，再生料经稳定化处理可以大大改善材料的性能。稳定剂是能够防止或抑制高分子在加工和使用过程中由于受热、氧、光的作用而引起分解或变质的物质。一般情况下，大部分循环料来自短期使用的产品（如包装），但再生料所制的产品往往又长期使用。助剂流失（分解和挥发、迁移）和再生过程（清洗、分离、干燥等）均会减少稳定剂浓度，这样来自第一次产品中的助剂（如抗氧剂和光稳定剂等）浓度不能满足第二次产品的应用，因此有必要对材料进行稳定化处理。循环聚合物材料的稳定性主要集中在两个方面：氧化稳定和光稳定，相对应的稳定助剂是抗氧剂和光稳定剂，稳定剂的选用要考虑聚合物的结构和聚合物所处的环境。废 PVC 农膜中含有 10%~25% 的增塑剂、稳定剂、润滑剂等助剂。

1. 热稳定剂

热稳定剂是一种在热作用下能稳定聚合物材料的化合物，包括抗氧剂。本设计使用的热稳定剂有二盐基硫酸铅、二盐基亚磷酸铅。二盐基硫酸铅为白色粉末，味甜，有毒，热稳定性、耐候性和电气性能良好，用于不透明制品，一般与二盐基亚磷酸配合使用可改善耐光性，与硬脂酸铅并用可改善其润滑性；二盐基亚磷酸铅除具有吸收 HCl 效能外，还有抗氧能力并能与 PVC 的双键进行反应及屏蔽紫外线功能。

2. 光稳定剂

PVC 的光降解主要是脱去氯化氢，形成双键。光稳定剂是一类能够抑制或减缓氧化作用的物质，常用的光稳定剂有三大类：光屏蔽剂、紫外线吸收剂和淬灭剂。本设计光稳定剂选用适量颜料（炭黑）。

3. 增塑剂

增塑剂多为低分子材料，通过将其加入聚合物高分子中，降低分子间的相互作用而增加聚合物的弹性和可塑性。此外，增塑剂的加入还能降低物料的玻璃化转变温度和塑料成型加工时的熔体黏度。高填充PVC地砖强度高不易加工，我们可以加入适量的二次增塑剂加以改善。通过文献调研，设计并选择了一些可以有效改善PVC加工性能的二次增塑剂，并对其含量对制品性能的影响进行了试验。从表8-2中可以看出，随着逐次加大二次增塑剂量，塑炼过程中，拉不出片等情况会改善，直到表面平整、易包辊等。但是当二次增塑剂加入量达到3.0质量份时，基片表面反而会出现有气泡，并且易断。

表8-2 次增塑剂对加工性能的影响（质量份）

二次增塑剂	现象
0	拉不成片，不包辊
1.0	拉片不稳定，易断，不包辊
1.5	拉片较稳定，表面粗糙
2.0	拉片稳定，表面平整，冷却后易折断，包辊
2.5	拉片稳定，平整光滑，冷却后不易折断，易包辊
3.0	拉片稳定，表面有气泡

4. 润滑剂

润滑剂主要分为润滑油、润滑脂和固体润滑剂三大类，其主要作用是在成型加工过程中改善树脂的流动性，用量一般在0.5~1。一种良好的润滑剂不仅改善了树脂的润滑性，而且通常由于加工流动性的提高还能改善色泽、防静电、促进熔融、避免降解、增加制品韧性、降低加工能耗、提高加工速率等。常用的天然润滑剂有石蜡、矿物油和动植物油类等及各种低分子量聚合物,其中一些脂肪族化合物的使用则更为普遍,例如,硬脂酸(十八烷酸)、硬脂酸皂类、硬脂酸酯类。本设计选用的润滑剂为硬脂酸。

5. 填料

PVC 废旧制品的组成发生了一定的变化,重新利用时应补加适当的活化无机填料、增塑剂和着色剂等辅料。相比于其他矿物填充剂,$CaCO_3$ 由于其具有低成本和低毒性等优点而成为 PVC 地板最常用的填充剂。此外,研究发现为了提高产品的韧性、光泽度和弯曲强度,还可以使用能够改善塑料的流变性和成型性的活化碳酸钙。

在大多情况下,PVC 地板的受力主要是压力和摩擦力,非剪切力。因此,在 PVC 地板中,能够加入的填料较多。不同 $CaCO_3$ 加入量对加工性能的影响见表 8-3。

表 8-3 碳酸钙加入量对加工性能的影响(质量份)

PVC	$CaCO_3$	活性 $CaCO_3$	现象
100	100		拉片稳定,易包辊,表面平稳均匀
100	150		拉片稳定,包辊,表面较平整
100	200		拉片不稳定,包辊,表面粗糙
100	250		拉片不稳定,难包辊,易断
100		250	拉片稳定,易包辊,表面平稳均匀
100		300	拉片稳定,包辊,表面平稳均匀
100		350	拉片稳定,包辊,表面平稳均匀,易控制
100		400	拉片不稳定,表面有气泡,不平整

由表 8-3 可见，当活性 $CaCO_3$ 的加入量为 350 时，PVC 地砖基片的性能达到标准，所含活性 $CaCO_3$ 最大。PVC 地砖的活性填充体系流动性变好，黏度下降。

6. 活化剂

为了解决树脂和填料的分散均匀性，降低填料对增塑剂的吸收能力，可加入表面处理剂对碳酸钙表面进行活化处理，以此分子的流动性和树脂塑化性变好，以伸展 PVC 大分子链，高密度均匀分布在填料的四周，起到偶联效果，PVC 分子对活性 $CaCO_3$ 的润湿性和黏结性得以改善，进而提高填料填充量，提高 PVC 制品的力学性能并降低成本。

在本设计中所选用的硬脂酸呈粉末状，价格低廉，易于计算配料含量，且可与其他组分均匀的混合。

7. 配方

通过对实验批次制得的样品进行多次检验，得到本设计 PVC 地砖基片的最佳合理配方（表 8-4）。

表 8-4 废 PVC 农膜生产再生钙塑地板基片的配方

组成	质量份	组成	质量份
废 PVC 农膜	100	硬脂酸	2
重质碳酸钙（325 目）	350~400	DOP	1.5~2.5
三盐基硫酸铅	2	颜料（炭黑）	适量
二盐基亚磷酸铅	1		

（三）钙塑地板砖的生产线设计

1. 混合

初混合是在聚合物熔点以下的温度和较为缓和的剪切应力下进行的一种简单混合。设备选用 SHG-200A 型高速捏合机。加料顺序一般为：树脂→稳定剂→颜料→填料。将配好的物料于（90±5）℃进行5分钟高速捏合，需加热到110℃，使物料均匀分散，充分膨胀，增塑剂被充分吸收，同时除去水及部分低温挥发物，使物料达初步预塑化。

当加工温度高于树脂的流动温度后，将物料在较强剪切作用下在初混合的基础上进行再混合的过程被称为初混物的塑炼。设备选用 SHM-50 型密炼机一台，SK-550 型开炼机三台。预塑化的物料在密炼机内于（140±5）℃密炼 3~5 分钟，使物料充分塑化。密炼于 120℃左右出料，进入开炼机。开炼机塑化温度为（120±5）℃，最后一个开炼机的辊距为（3±0.5）分钟，前辊比后辊温度高 5℃，其蒸气压控制在 0.8 兆帕以上。为防止物料摩擦生热引起温度上升，可通过冷却水保持辊温。

2. 冷却与切割

对混合塑化后的钙塑地板砖进行冷却，主要起到一个冷却定型作用，在本设计中选用冷辊机进行冷却，并且通循环冷却水。冷却后的半成品由一台连续自动冲切机冲切，冲切速度要与主机相匹配，切成 1 000 毫米×670 毫米和一定厚度（大约 3 毫米）的片材，即基片。

3. 热压贴合成型

塑料层压机的主要特点是在压机的上下横梁之间设有多层的活动平板，一次可以生产多层的制品。本设计选用设备 PYET-2000 型层压机（德国进口）。

由第三台开裂机出片后，经冷却切成 1 000 毫米×670 毫米和一定厚度（大约 3 毫米）的片材即成底层。热压机有 16 层，每层放叠料 16 组。PTEY-2000 型热压机的板面是 1 050 毫米×1 850 毫米。这样每台热压机每压一次，可压成规格为 1 000 毫米×670 毫米的 PVC 半成品 160 张。本设计采用热压贴合成型工艺生产再生地板砖，经第三台开裂机出片后的地板砖基片，经配片和热压工艺，生产三层复合 PVC 地板砖，具体叠放顺序为金属板、衬纸（50~100张）、帆布、双向拉伸聚丙烯薄膜、PVC底层材料（基片）、PVC白色硬片（中层）、印有彩色图案的PVC透明硬片（上层）、平面不锈钢板。

4. 冲床

冲床是对材料施以压力，使其塑性变形，而得到所要求的形状与精度。设备选用AHS-50T型冲床。每张可冲成6块PVC地砖，其规格为304.8毫米×304.8毫米。

（四）再生PVC地板砖的性能

与涂料、地毯、石材地面相比，PVC地板使用性能较好，适应性强，能耐腐蚀，行走舒适，花色品种多，装饰效果好。以GB 4085—1983为标准对成型后的PVC地砖进行了性能测试，所测结果见表8-5。结果显示，所制备的PVC地砖的密度为2.15克/立方厘米，其手感及质感媲美于大理石和瓷砖等天然材料，符合国家标准，可以应用于作为装饰的铺地材料。

表8-5 废PVC农膜再生钙塑地板砖的物理性能

项目	国家标准	实测性能
外观：缺口、龟裂、分层	不可有	合格
污染、伤痕、异物	不可有	合格
尺寸偏差/毫米（厚）	±0.15	无偏差
（长）	±0.30	0.10
（宽）	±0.30	无偏差
垂直度/毫米	最大公差值在0.25以下	0.30
热膨胀系数/℃	≤1.2×0.0001	1.1×0.0001~1.2×0.0001
加热重量损失率/%	≤0.5	0.18
加热长度变化率/%	≤0.25	0.23~0.10
吸水长度变化率/%	≤0.17	0.08~0.10

第八章 农田残膜污染治理行动

(续表)

项目	国家标准	实测性能
23℃凹陷纹/毫米	≤0.30	0.21
45℃凹陷纹/毫米	≤1.00	0.73
残余凹陷度/毫米	≤0.15	0.11
磨耗量/(克/平方米)	≤0.015	0.007 5

第九章 自然资源保护面临的严峻形势

自然资源是指自然界天然存在、未经人类加工的资源，如土地、水、生物、能量和矿物等。即是指在一定时间条件下，能够产生经济价值以提高人类当前和未来福利的自然环境因素的总和。在人类向自然开发和索取的过程中，忽视了人与生态系统的和谐性和统一性，逐步酿成了一系列生态灾难。因此，树立尊重自然、顺应自然、保护自然的生态文明理念，保护存在于自然界的没有为人类所利用的一切自然资源，建立人类社会最适合生活、工作和生产的环境，是实现中华民族永续发展的必然选择。

第一节 森林锐减

森林与人类息息相关。人类文明初期地球陆地的 2/3 被森林所覆盖，约为 76 亿公顷。1 万年前，森林面积减少到 62 亿公顷，占陆地面积的 42%。19 世纪减少到 55 亿公顷，世界各地依然到处都能见到森林。进入 20 世纪以后，人类对森林的破坏达到了十分惊人的程度。至今全球森林覆盖率仅为 30%，总面积 40 多亿公顷。无节制的砍伐和自然灾害正在导致全球森林面积逐年减少，每年有近 1 300 万公顷的森林被砍伐，每年约有 730 万公顷热带密闭林被开垦成农田，约有 380 万公顷稀疏林被用作耕地或作为薪柴砍伐。全球森林资源处于危险边缘，其中热带雨林正以惊人的速度从地球上消失，已有 70% 的热带雨林被毁掉。森林破坏带来了二氧化碳排放增加、物种减少、水土流失、气候失调、旱涝成灾等严重的后果。

第二节 草地退化

自然界各类草原、草甸、稀树干草原等统称为草地。草地多年生长草本植物，可供放养或割草饲养牲畜。草地约占世界陆地面积的20%，主要分布在各大陆内部气候干燥、降水较少的地区。草地上生产了人类食物量的11.5%，以及大量的皮、毛等畜产品，还生长许多药用植物、纤维植物和油料植物，栖息着大量的野生动物。

我国现有草地面积3.9亿公顷，仅次于澳大利亚，居世界第二位。但人均占有草地仅为0.33公顷，约为世界平均水平的1/2。我国草地质量不高，低产草地占61.6%，中产草地占20.9%，全国难以利用的草地比例较高，约占草地总面积的5.57%。草地生产能力低下，平均每公顷草地生产能力约为7.02畜产品单位，仅为澳大利亚的1/10、美国的1/20、新西兰的1/80。近年来，由于长期超载过牧，过度使用，加上气候干旱、人为采樵、滥挖滥猎，破坏草地植被，致使草地严重退化并逐步沙化。目前，90%的草地已经或正在退化，其中中度退化程度以上（包括沙化、碱化）的草地达1.3亿公顷，并且每年以200万公顷的速度递增。北方和西部牧区退化草地已达7 000多万公顷，约占牧区草地总面积的30%。

第三节 湿地减少

湿地是指天然或人工、长久或暂时的沼泽地、湿原、泥炭地或水域地带，带有静止或流动，或为淡水、半咸水或咸水水体者，包括低潮时水深不超过6米的水域。湿地是自然资源和生态环境的重要组成部分，对促进可持续发展战略和保护人类生存环境具有重要意义。湿地与森林、海洋并称为全球三大生态系统，具有维护生态安全、保护生物多样性等功能。人们把湿地称为"地球之肾"、天然水库和天然物种库。湿地是全球价值最高的生态系统，据联合国环境规划署的研究数据表明，1公顷的湿地生态系统每年创造的价值高达1.4万美元，是热带雨林的7倍，是农田生态系统的160倍。湿地的重要功能之一是净化水源，由生物和泥土对污染物进行吸附、分解。但现在由于环境污染，许多湿地植物因承受不了严重污染而死掉，使湿地净化水源的作用几乎丧失殆尽，污染物质积存在底泥中。

我国是湿地大国。我国湿地种类齐全、数量丰富，除苔原湿地外，其余类型均有分布。由于对湿地的盲目围垦和改造，我国湿地面积大幅度减少。统计表明，20世纪50年代以来，沿海滩涂湿地面积已减少50%。湿地生物资源和水资源的不合理利用，造成许多湿地物种灭绝，湿地功能退化和生物多样性衰退。尤其是湿地严重污染已成为我国湿地生态系统面临的最严重威胁之一。大量未经处理的"三废"直接向湿地水体排放，严重污染河湖水体；农药及化肥的大量使用，使湿地水质和农田土质严重恶化。从而破坏了湿地生态系统丰富的生物资源和生物生产力，使得湿地生态环境恶化，生物多样性受损。

世界自然基金会的调查显示，长江中下游地区湿地面积呈急剧萎缩趋势，原先100多个通江湖泊如今只剩下3个（洞庭湖、鄱阳湖、石臼湖）。其直接后果是江湖生态系统遭到严重破坏，防洪蓄洪能力大大降低。湿地的减少直接威胁着人类的生存，甚至有人预言，我们地球又将面临恐龙灭绝时代的物种大灭绝。

第四节　土地荒漠化

土地荒漠化是指在干旱、半干旱和某些半湿润、湿润地区，由于气候变化和人类活动等各种因素所造成的土地退化，包括土地沙化、水土流失、植被退化等。它使土地生物和经济生产潜力减少，甚至基本丧失。土地荒漠化被称作"地球的癌症"。荒漠化不仅是生态问题，也是经济问题，它意味着土地退化、生态恶化，也意味着经济衰退和人们生活质量的倒退。全球每年有600万公顷的土地变为荒漠。全球共有干旱、半干旱土地50亿公顷，其中33亿公顷遭到荒漠化威胁。人类文明的摇篮——底格里斯河、幼发拉底河等流域，都由沃土变成了荒漠。据联合国公布的数字，不当的人类活动以及气候变化导致占全球干旱地区41%的土地不断退化，荒漠面积逐渐扩大。目前，全球有110多个国家、共10亿多人正遭受土地荒漠化的威胁，其中1.35亿人面临流离失所的危险。全球每年因土地荒漠化造成的经济损失超过420亿美元。

中国是世界上荒漠化和沙化面积大、分布广、危害严重的国家之一，严重的土地荒漠化、沙化威胁着我国生态安全和经济社会的可持续发展，威胁中华民族的生存和发展。据统计，中国荒漠化土地面积263.6万平方千米，石漠化面积12.96万平方千米，两者加在一起约占国土面积中陆地面积的28.8%。中国有约4亿人口受到荒漠化影响，每年因荒漠化造成的直接经济损失约520亿元。土地沙化、水土流失是中国当前荒漠化中最为严重的生态、环境问题。中国沙化土地每年以3 000多平方千米的速度在扩展。

第五节　水土流失

我国是世界上水土流失最严重的国家之一，水土流失分布面积大，范围广。全国有水土流失面积356万平方千米，占国土总面积的37.1%，需治理的面积有200多万平方千米，重点在水力侵蚀地区和水力风力侵蚀的交错地区。水土流失不仅广泛发生在农村，而且发生在城镇和工矿区，几乎每个流域、每个省份都有。从我国东、中、西三大区域分布来看，东部地区水土流失面积9.1万平方千米，中部地区51.15万平方千米，西部地区296.65万平方千米。我国水土流失强度大、侵蚀重，年均土壤侵蚀总量45.2亿吨，约占全球土壤侵蚀总量的1/5。主要流域年均土壤侵蚀量为每平方千米3 400多吨，黄土高原部分地区甚至超过3万吨，相当于每年2.3厘米厚的表层土壤流失。全国侵蚀量大于每年每平方千米5 000吨的面积达112万平方千米。根据水土流失面积占国土面积的比例以及流失强度综合判定，我国现有严重水土流失县646个。其中，长江流域265个、黄河流域225个、海河流域71个、松辽河流域44个。从省级行政区来看，水土流失严重县最多的省份是四川省，其次是山西、陕西、内蒙古、甘肃。

水土流失会极大地破坏农业生产条件，恶化生态环境，加剧洪涝和干旱灾害，严重影响交通、电力、水利等基础设施的运行安全。水土流失还是造成生态环境恶化、贫困加剧的原因之一。中国水土流失与生态安全科学考察评估报告称，由于水土流失，造成水土资源承载能力降低，生态环境恶化，每年水土流失给中国带来的经济损失相当于GDP的2.25%左右。中国经济最为贫困的地区，往往是水土流失最严重的地区，全国76%的贫困县和74%的贫困人口生活在水土流失严重地区。

水土保持关系国计民生，很早就受到许多国家的广泛关注。早在19世纪上半叶，澳大利亚、新西兰、美国及部分欧洲和亚洲国家就开始立法，主要目的是控制由风力和水力造成的土壤侵蚀，目前已有100多个国家相继制定了专门的或与水土保持相关的法律。欧洲许多国家还签订了相关的区域性条约，明确了缔约国的权利与义务，从根本上扭转了水土资源恶化的趋势。

中国开展水土流失防治的实践活动历史悠远，积累了很多值得称道的经验，特别是改革开放之后，走出了一条具有中国特色的水土保持之路。1991年《中华人民共和国水土保持法》颁布以后，国家将水土保持确立为一项基本国策，水土保持生态建设取得了显著成效，人民群众水土保持意识和法制观念普遍增强，人为水土流失在一定程度上得到了遏制，水土流失综合治理步伐加快，水土保持工作走上了依法防治、良性发展的道路。进入21世纪后，中国政府确立了水土保持生态建设的战略目标和任务：力争用15~20年的时间，使全国水土流失区得到初步治理或修复，大多数地区生态环境向良性演替；对可治理的坡耕地全部采取坡改梯、陡坡退耕、等高耕作等水土保持措施；严重流失区水土流失强度大幅下降，中度以上侵蚀面积减少50%，70%以上的侵蚀沟道得到控制，下泄泥沙明显减少；全社会水土保持生态意识和法制意识显著增强，人为水土流失得到有效控制，生产建设项目水土保持"三同时"制度全面落实，水土流失重点预防保护区实施有效保护。

第十章 固态环境污染的防治

固态环境污染是指固体废物对环境的污染。人类在生产和生活活动中丢弃的固体和泥状的物质称为固体废物，固体废物的种类很多。如按其性质可分为有机物和无机物，按其形态可分为固体的（块状、粒状、粉状）和泥状的；按其来源可分为矿业的、工业的、城市生活的、农业的和放射性的。此外，固体废物还可分为有毒和无毒的两大类，有毒有害固体废物是指具有毒性、易燃性、腐蚀性、反应性、放射性和传染性的固体、半固体废物，固态环境污染主要包括重金属污染、持久性有机污染物污染、土壤污染、危险废物、化学品污染、垃圾泛滥等。

第一节 重金属污染

重金属污染，指由重金属或其化合物造成的环境污染。我们吃的食物重金属含量超标，那么食物内的大量重金属进入人体消化系统后不能被排出，它们就会在人体的某些器官中积蓄起来造成慢性中毒，危害人体健康。土壤或水体中含有重金属引起的污染，这种污染通过食物链进入生态系统，造成危害。重金属有不易溶解移动的特性，容易在生命体或生态系统中富集，而且重金属大多数对生物体有毒害作用。重金属污染主要由采矿、废气排放、污水灌溉和使用重金属制品等人为因素所致。既有因人类活动导致环境中的重金属含量增加，超出正常范围，并导致环境质量恶化，也有个别地区如喀斯特地区因石漠化导致重金属释放。重金属的污染主要来源于工业污染，其次是交通污染和生活垃圾污染。重金属可以通过大气、水、食物进入人体,所有重金属超过一定浓度都会对人体有毒。从环境污染方面,重金属是指汞、镉、铅以及类金属砷等生物毒性显著的金属。对人体毒害最大的有 5 种:铅、汞、砷、镉、铬,这些重金属中任何一种都能引起人的头痛、头晕、失眠、健忘、神经错乱、关节疼痛、患结石、癌症等。

重金属污染问题在中国日益突出。中国每年有 1 200 万吨粮食遭到重金属污染,直接经济损失超过 200 亿元。

目前,全国耕种土地面积的 10%以上已受重金属污染,在华南地区的部分城市约有一半的耕地遭受镉、砷、汞等有毒重金属和石油类有机物污染,长江三角洲有的城市连片的农田受多种重金属污染。受到污染的土壤基本丧失生产力,成为"毒土"。据有关部门估算,因重金属污染,粮食每年因此减产 100 亿千克。

第二节　持久性有机污染物污染

持久性有机污染物,简称 POPs,它是一类具有长期残留性、生物累积性、半挥发性和高毒性,并通过各种环境介质(大气、水、生物等)能够长距离迁移,对人类健康和环境具有严重危害的天然的或人工合成的有机污染物。与常规污染物不同,持久性有机污染物对人类健康和自然环境危害更大:在自然环境中滞留时间长,极难降解,毒性极强,能导致全球性的传播。被生物体摄入后不易分解,并沿着食物链浓缩放大,对人类和动物危害巨大。很多持久性有机污染物不仅具有致癌、致畸、致突变性,而且还具有内分泌干扰作用。

在我国经济最发达的京津地区、长江三角洲、珠江三角洲等地区,"三致"(致癌、致畸、致突变)有机污染物在地下水中有一定程度的检出。其中,农药类的六六六、滴滴涕、卤代烃类三氯甲烷、四氯化碳、三氯乙烯和四氯乙烯、单环芳烃类等有机污染指标检出率一般为10%~20%，部分地区为30%~40%，有的甚至在80%以上。

近年来，持久性有机污染物对人类健康和生态系统的危害越来越被人们所认识，已经成为一个新的全球性环境问题。目前所知因人类活动而向环境释放出的污染物中，持久性有机污染物是对人类生存威胁最大的一类污染物，主要包括杀虫剂、工业化学品、化工生产中的副产品二噁英（PCDDs）和呋喃（PCDFs）等。在化学品和废弃物方面，作为全球最大的化学品生产国，我国的危险化学品在生产、储存、运输、销售、使用等每个环节都存在环境风险。持久性有机污染物通过各种途径进入到环境后，就会对生态环境造成严重的影响和破坏，对人体会造成包括致畸、致癌和对生殖系统影响等严重危害。

但是持久性有机污染物污染源广、难以降解、易于积蓄，因此，必须彻底禁止生产和使用，寻找替代品；对已经受到污染的土壤、水体等进行及时、有效的多种技术联合治理，寻找更加有效的治理方法。其中寻找其替代品和采取多种技术联合治理为主要发展方向。

第三节　土壤污染

土壤污染是指进入土壤中的有害、有毒物质超出土壤的自净能力，导致土壤的物理、化学和生物学性质发生改变，从而降低农作物的产量和质量，并危害人体健康的现象。污染使土壤生物种群发生变化，直接影响土壤生态系统的结构与功能，导致生产能力退化，并最终对生态安全和人类生命健康构成威胁。

根据中国科学院生态环境研究所的孙铁珩院士的研究，目前我国受镉、砷、铬、铅等重金属污染的耕地面积近2 000万公顷，约占耕地总面积的 1/5；其中工业"三废"污染耕地 1 000 万公顷，污水灌溉的农田面积达 330 多万公顷。除耕地之外，我国工矿区、城市也存在土壤（或土地）污染问题。由农药和有机物污染、放射性污染、病原菌污染等其他类型的土壤污染所导致的经济损失目前尚难估计。

  当前，我国土壤污染状况已经严重影响到耕地质量，影响到食品安全，影响人的身体健康。甚至使得农产品的国际市场竞争能力减弱，出口锐减。更严重的是，被污染的土壤向环境输出的物质和能量，又可引起大气、水的污染和生物多样性的破坏，加剧整体环境的污染，进而威胁国家的生态安全。2008 年以来，全国由于土壤污染防治不足、环境监管乏力而导致的食品药品安全事件，就已发生过百余起重大污染事故。当前，我国土壤污染呈现的趋势是有毒化工和重金属污染由工业向农业转移、由城区向农村转移、由地表向地下转移、由上游向下游转移、由水土污染向食品链转移。

  土壤污染从产生污染到出现问题通常会滞后较长的时间。土壤污染因其缓慢性和隐蔽性，被称为"看不见的污染"。污染物质在土壤中不断积累而超标，同时也使土壤污染具有很强的地域性。而且重金属对土壤的污染基本上是一个不可逆转的过程，许多有机化学物质的污染也需要较长的时间才能降解，被某些重金属污染的土壤可能要 100~200 年的时间才能够恢复。大多积累在污染土壤中的难降解污染物则很难靠稀释作用和自净化作用来消除。因此，治理污染土壤通常成本较高、治理周期较长。

  从世界范围来看，许多国家和地区都纷纷制定或修改了土壤污染防治法律法规，都经历了从分散立法到专门立法的过程。在我国现行的法律体系中，已经制定了防治大气、水、固体废物、环境噪声、海洋污染、放射性污染和保护环境的法律，但是关于土壤污染还没有专门立法，尽管我国早就开始了土壤污染防治的实践,但现行对土壤污染防治只有零星分散的规定,没有专门、系统、综合的土壤污染防治立法,还缺乏相关的配套性规定来支撑制度得到切实的实施。

第四节 垃圾泛滥和固体废物污染

垃圾是人类日常生活和生产中产生的固体废弃物,由于排出量大、成分复杂多样,给处理和利用带来困难,如不能及时处理或处理不当,就会污染环境,影响环境卫生。我国是世界上垃圾包袱最重的国家,人均每年垃圾产量440千克。600个城市每年总量1.6亿多吨,县城每年产生的生活垃圾8 000万吨,农村每年产生1.5亿吨,建设垃圾5亿吨,厨余垃圾1 000万吨,每年共产生将近10亿吨的垃圾,且以每年8%~10%的速度增长,而且大部分不能得到有效的处理。垃圾的泛滥直接威胁着城乡人民群众的生存环境与身体健康。

固体废物是在生产、生活和其他活动中产生的丧失原有利用价值或者虽未丧失利用价值但被抛弃或者放弃的固态、半固态和置于容器中的气态的物品、物质。另外,除排入水体的废水之外的液态废物也作为固体废物。可以说,所有废水处理和废气处理不能解决的所有形态的废物都属于固体废物的范畴。固体废物大致分为三大类:生活垃圾——是指在日常生活中或者为日常生活提供服务的活动中产生的固体废物,以及法律、行政法规规定视为生活垃圾的固体废物,这是我们日常生活中最常见、数量最多的一种固体废物。工业固体废物——是指在工业生产活动中产生的固体废物,如采矿业的废石、尾矿、煤矸石,冶金工业生产中的炉渣、钢渣。危险废物——是指列入国家危险废物名录或者根据国家规定的危险废物鉴别标准和鉴别方法认定的具有有毒性、腐蚀性、反应性和感染性等危险特性的固体废物,它既存在于工业固体废物中,也存在于生活垃

第十章　固态环境污染的防治

圾中，如废铅酸蓄电池、废杀虫剂、废荧光灯管等。全世界每年产生各种废料约 100 亿吨，具有放射性等的危险废料有 4 亿吨左右，有毒有害的废弃物从发达国家向发展中国家出口，造成全球性危害。

目前，中国已经超过美国成为世界上最大的城市固体废弃物制造者，固体废弃物的迅速增加使环境承载力逼近极限。在我国的固体废物中，"白色垃圾"和"电子垃圾"已经成为中国数量增长较快的一种固体废物。

目前，国外发达国家的城市垃圾从收集、运输到处理的管理与技术已很成熟，并积累了许多经验。大多数国家采取了分类收集、密闭压缩运输，处理方式主要有卫生填埋、焚烧、堆肥和综合利用（再生循环利用）。我国垃圾处理起步较晚，城市垃圾处理率不足 20%，农村大部分垃圾未经处理。近几年，各地根据实际情况，从对策和规划着手，对城市垃圾处理技术进行了有益的探索，也走出了各种垃圾处理的新路。目前，我国常规环境污染因子恶化势头有所遏制，但重金属、持久性污染物、土壤污染、危险弃物污染日益凸显，水、污染物全面改善的难度加大。

主要参考文献

季明川. 2018. 资源环境与绿色农业发展：季明川研究文集选［M］. 北京：中国农业出版社.

李吉进，张一帆，孙钦平，等. 2019. 农业资源再生利用与生态循环农业绿色发展［M］. 北京：化学工业出版社.

林培群，楚小强，符悦冠，等. 2019. "一带一路"热带农业绿色植保技术［M］. 北京：中国农业科学技术出版社.

刘连馥. 2019. 中国绿色农业发展报告［M］. 北京：中国农业出版社.

漆雁斌，韦锋，等. 2019. 农业转型与绿色高质量发展研究［M］. 北京：社会科学文献出版社.